Marie-Françoise Delarozière et Elisabeth Pistre

Légumes des 4 saisons

Edisud

Nos remerciements vont à tous ceux qui ont participé au succès de nos « Petits Bonheurs Maison » et qui nous ont permis de partager nos joies et nos tendresses gourmandes.

Dans la même collection

Marie-Françoise Delarozière et Chantal James

- Vins Apéritifs Maison
- Liqueurs du placard
- Tisanes et Sirops Délices
- Confitures, Compotes et Fruits au Sirop
- Plaisirs sans alcool
- Épices, aromates et Condiments

Marie-Françoise Delarozière et Elisabeth Pistre

- Desserts et Gourmandises aux fruits
- Les Légumes des 4 saisons

Marie-Françoise Delarozière et Véronique Floucaut

- Bouchées, Gnamagnamas, Tapas et Cie

Marie-Françoise Delarozière et Robert Blanc

- Cuisine des Fleurs, des Feuilles et Petites Salades

Photos Michel Floucaut

Verreries peintes de Simone Berquin

1. Au Bonheur des Saisons

2 Recettes

Les Légumes dans toute leur splendeur

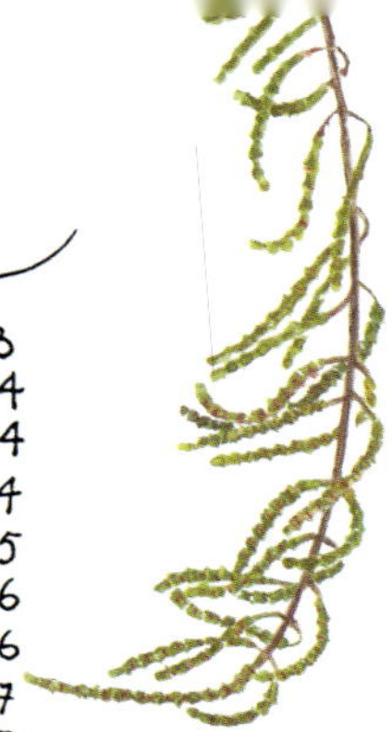

Compositions savoureuses

Au Bonheur des Enfants

1. Au bonheur des saisons

Couleurs et saveurs des légumes en fête

Se promener dans un marché paysan aux premiers jours du printemps, c'est tout d'abord se régaler de couleurs. Puis montent aux lèvres des envies de tomates nouvelles, de radis croquants, d'asperges, d'épinards. Ils sont là, tentants, colorés, bienvenus après l'hiver et l'on en ferait des folies. A chaque saison ce sont des surprises, à chaque saison c'est le besoin vital de partager avec la nature ses bienfaits.

Ce petit livre que nous vous proposons n'est pas celui de la cuisine végétarienne, ni de la cuisine « bio ». A l'ère des restaurations rapides, nous voulons seulement rappeler l'importance des légumes dans notre alimentation, légumes si souvent mal aimés dans l'enfance. Nous voulons vous faire partager leur beauté et leurs vertus gourmandes. Il suffit parfois d'une nouvelle présentation à la table familiale pour les faire redécouvrir et savourer.

Les légumes riches en eau, fibres, vitamines et minéraux sont indispensables à notre vie et nous n'avons pas les mêmes besoins selon les saisons.

Par exemple, est-il nécessaire de manger des crudités en hiver alors que notre corps réclame plus de chaleur et moins d'eau ? C'est plutôt le temps des pommes de terre, des choux, des potirons et des bons plats composés.

L'été c'est le bonheur des crudités et des salades à l'infini.

La nature est intelligente et nous offre les possibilités d'un équilibre alimentaire tout au long de l'année. Etre à l'écoute des saisons, c'est peut-être là le secret de bonne santé.

Prenez vos paniers, courez au potager si vous avez eu le plaisir de planter vos légumes, sinon allez au marché. Choisissez bien celui-ci. Faites-vous des amis fidèles des producteurs et des vendeurs.

Vous préparerez des repas tout de simplicité, de goûts surprenants, de couleurs avenantes, des repas de légumes gourmands.

Jouez avec les goûts et les couleurs.

Il y a-t-il encore des légumes de saisons?

Il existe aujourd'hui un problème troublant. Les légumes viennent des 4 coins de la Planète sans soucis des saisons locales.

Les cultures accélérées, parfois sans terre, trahissent les plantes. Celles-ci se vengent-elles en refusant de partager avec l'homme peu soucieux d'elles, leurs saveurs, leurs parfums, leurs richesses? Par exemple les tomates qui se trouvent toute l'année aux rayons légumes des grands magasins, ont pratiquement le même goût. L'on reste stupéfait de découvrir qu'elles ont des formes et des saveurs très particulières lorsqu'elles sont cueillies au potager de son voisin attentif.

Légumes de printemps

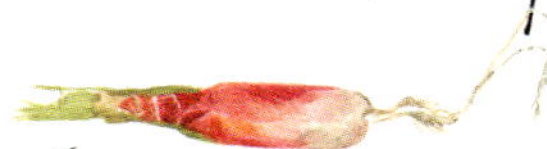

Si vous habitez la campagne, le printemps est magique qui voit renaître les plantes des chemins, des prés, des jardins...

Notre corps se réveille de sa langueur d'hiver et c'est le moment de consommer des légumes aux vertus dépuratives. C'est le temps des petites salades à croquer, pissenlit, roquette, pourpier. Les carottes apparaissent, les radis roses et croquants sont tentants et les artichauts bienvenus. Les asperges sauvages sont discrètes et se laissent cueillir. Les belles asperges blanches ou vertes font des bottes odorantes. Les épinards frais sont délicieux agrémentés d'une petite vinaigrette.

Et voici les pommes de terre nouvelles à faire cuire dans leur peau...

Légumes d'été

Lorsque vient l'été, c'est le temps des pique-niques, des apéritifs dînatoires, des fêtes de vacances amicales... Les légumes d'été sont les meilleurs atouts. Les crudités sont particulièrement recommandées, astringentes et plus acides pour lutter contre la déshydratation. Les marchés colorés ont des senteurs de soleil. Il faut se laisser tenter. L'on trouve de quoi composer un gaspacho parfumé, des cocktails aux tomates, une superbe anchoïade, mille petits légumes pour des apéritifs fantaisistes. Tomates, aubergines, poivrons, concombres, c'est une fête pour nos papilles. Le jeu de notre imagination est sans limite, jeu de couleurs, de saveurs et de bonheur.

Légumes d'automne

L'été s'enfuit, il reste beaucoup de légumes aux marchés. Les étals regorgent de légumes parmi lesquels les premiers légumes tendres de temps froids. C'est le moment d'y croquer à pleines dents, cela chasse la nostalgie des jours gris. La rentrée se précise avec son petit air de fraîcheur, son goût de prunes sucrées et ses senteurs de terre mouillée.

Légumes d'hiver

Avec les lainages, reviennent les parfums des gratins et des soupes. Notre corps réclame moins d'eau et plus de calories. C'est le temps des légumes racines, des légumes fruits. Les pommes de terre seront les reines de l'hiver. Le chou voisinera avec le chou-fleur et le romanesco. Et bientôt les grosses boules de potiron, potimarron et compagnie éclaireront les étalages.

Invitez vos amis autour d'une flambée et d'une «légumes-partie», succès assuré.

Note sur les conserves de légumes

Si l'on souhaite choisir des légumes en conserve, soit pour compléter une recette ou préparer un accompagnement très précis, nous préférons les prendre surgelés, plutôt qu'en boîtes ou en bocaux.

A vous de faire vos expériences. Malgré tout, si vous en avez l'opportunité, vous pouvez, non seulement congeler des légumes mais faire des conserves en bocaux.

Du bon usage du micro-ondes

Nos préférences vont aux cuissons traditionnelles. Nous aimons le cuiseur-vapeur, la cocotte toute simple, la poêle et la sauteuse, la cocotte-minute et le tian. Mais le micro-ondes a de nombreux avantages, entre autres la rapidité de la cuisson et la facilité de réchauffement des plats, en particulier des soupes. Il est nécessaire de faire des essais si l'on est « fan » du micro-ondes. Certains légumes ne le supportent pas. En revanche d'autres, comme la courgette, gardent une fermeté très intéressante pour les servir froids, en vinaigrette.

Petit vocabulaire des légumes

Il existe tout un vocabulaire lié aux légumes. Chiffonnade ou julienne? Vichyssoise ? Soupe ou velouté ? Voici un petit lexique.

Bain-marie : façon de cuire tout doucement (souvent au four), une recette, en la mettant dans une terrine par exemple, qui sera placée dans un récipient empli d'eau. Aujourd'hui le micro-ondes fait oublier le bain-marie.

Blanc : eau de cuisson additionnée de jus de citron et d'un peu de farine pour éviter l'oxydation et garder la blancheur du légume.

Blanchir : ébouillanter 3 à 4' les légumes, soit pour les utiliser croquants, soit avant leur cuisson.

Bouquet garni : petit bouquet de plantes aromatiques, ficelé ou placé dans une étamine, qui parfume bouillons, sauces et ragoûts. En général il se compose de thym, romarin, laurier. Selon la recette choisie, on peut y ajouter du persil ou une échalote piquée d'un clou de girofle, une branche de céleri et un bout de carotte.

Chiffonnade : feuilles (salade, endive) coupées en fines lanières.

Dégorger : faire rendre, grâce au sel, l'eau de certains légumes comme le concombre.

Emincer : Couper en très fines tranches.

Frémir : faire bouillir très très légèrement de façon à peine visible.

Lier : épaissir et rendre homogène un bouillon ou une sauce, avec une liaison de farine, de jaune d'oeuf ou encore de purée de légumes, etc...

Julienne : légumes détaillés en lamelles plus ou moins grosses.

Mortier et son pilon : indispensable dans une cuisine. Le mortier le plus utilisé est en marbre et son pilon en bois.

Parer : préparer le légume pour la cuisson.

Revenir : Cuire ou pré-cuire dans de l'huile ou autre corps gras, à découvert.

Tian : nom provençal du plat à gratin. Il peut avoir plusieurs formes.

Velouté : potage-crème onctueux.

Vichyssoise : légumes cuits à l'eau (comme la carotte) et servis avec du beurre et du persil haché.

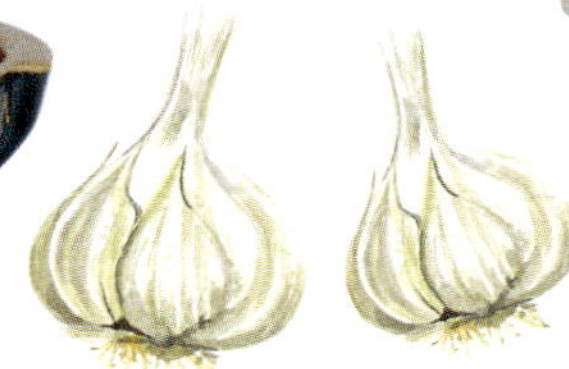

Petit conseil d'amitié

Tout le monde n'aime pas forcément le goût de certains légumes et de certaines plantes aromatiques. N'oubliez pas d'interroger vos invités lorsque vous avez envie de vous lancer dans une recette très particulière.

2. Recettes

Nous vous proposons un choix parmi les légumes que nous aimons.

Nous ne ferons pas de différences entre le légume (racine, bulbe, feuille et branche) et le fruit-légume. Et même quelques graines comme les lentilles feront partie de la fête.

Nous vous offrirons d'abord chaque légume dans sa splendeur. Puis ce seront des compositions savoureuses et, pour les enfants, des inventions pour le plaisir de les initier à des goûts nouveaux. Pour chaque légume, selon sa saveur, sa consistance, sa maturité, sa couleur et sa beauté, ainsi que son origine, vous trouverez des recettes pour apéritifs, cocktails, soupes, salades et hors-d'oeuvre, plats chauds et froids, desserts...

Nous aimons surprendre nos convives avec des légumes peu connus.

Nous vous ferons aussi découvrir quelques légumes exotiques, légumes et fruits-légumes africains et antillais que l'on trouve aujourd'hui assez facilement. D'ailleurs leurs noms vous sont déjà familiers, la banane plantain, le gombo, le manioc, la patate douce... Saviez-vous que le tapioca est issu du manioc et que l'on trouve de l'igname en flocons, genre purée-mousseline !

Nous n'avons pas classé ces « légumes exotiques » à part, ils entrent dans notre liste alphabétique.

Nous avons choisi de vous laisser le plaisir de trouver des assaisonnements adaptés à votre fantaisie dans nos **Epices, Aromates et Condiments,**
Petites recettes d'assaisonnements parfumés
Collection Petits Bonheurs Maison *

Nous vous avons préparé un index des recettes en fin de livre

Jouez avec nous au jeu des surprises de légumes !

* Voir la Bibliographie

Les Légumes dans toute leur splendeur

L'Ail

Si l'ail est surtout une plante aromatique puissante et spécifique de la Provence, il peut aussi devenir légume. Voici 3 recettes d' **Ail-légume** : la première (avec ses variantes) est un bouillon et les 2 autres des accompagnements exquis pour gigot et rôti.

Aïgo boulido particulièrement bienvenu aux lendemains de fêtes.

Pour 5 à 6 personnes. La recette la plus simple consiste à faire bouillir 15' dans un peu plus d'1 litre d'eau, 5 à 6 gousses d'ail épluchées et coupées en 2, une petite branche de sauge et une de thym, du sel, du poivre et une feuille de laurier. Se sert bouillant dans des assiettes creuses sur des tranches de pain grillé.

Variantes : L'on peut ajouter une bonne cuiller d'huile d'olive dans l'eau salée.

L'on peut écraser l'ail et le faire bouillir seul dans l'eau salée, puis faire infuser, hors feu, le thym, la sauge et le laurier. Réchauffer au moment de servir et verser dans les assiettes sur du pain grillé. Ajouter un peu de gruyère râpé.

Lorsque le bouillon est prêt, le passer à travers une passoire fine et le lier avec un jaune d'oeuf. Le servir bouillant sur du pain grillé (ou de campagne) sur lequel on aura versé un léger filet d'huile d'olive.

Ail au four : compter 2 ou 3 têtes d'ail par personne. Les laver et les placer dans un plat huilé, à l'huile d'olive de préférence. Les faire cuire à four chaud ½ heure en les arrosant une ou deux fois avec un petit peu d'eau chaude salée et poivrée.

Purée d'Ail : faire cuire, dans de l'eau, une vingtaine de gousses d'ail pendant 10', en changeant l'eau à mi-cuisson. Lorsqu'elles sont bien tendres, les éplucher, par simple pression des doigts, et les écraser au pilon. En faire une crème en y ajoutant un peu d'eau de cuisson et/ou de la crème fraîche. Délicieux accompagnement de poisson ou de viande grillée.

Les Algues ou légumes marins voir la Salicorne (p. 59)

Les Artichauts

« Artichauts, artichauts
C'est pour Monsieur et Madame
Pour réchauffer le coeur
Et l'âme
Et pour avoir le cul chaud »
dicton sous Henri IV

Dès avril on peut trouver des petits artichauts **violets** à croquer avec un peu de sel et d'huile d'olive, c'est délicieux en entrée ou en apéritif. Vous pouvez aussi couper les petits artichauts en morceaux, en retirer le foin et, comble de la gourmandise, les servir avec du foie sec de porc (conseil d'amis du Tarn et de l'Aude).

Vous pouvez aussi préparer un **caviar d'artichauts**, crème d'artichauts à l'huile d'olive et crème fraîche, à tartiner sur des petits toats grillés.

La plus simple préparation est l'**artichaut à la vinaigrette**, mais l'on peut s'amuser avec d'autres sauces bien relevées.

Si vous avez envie de faire les **artichauts à la barigoule** recette de grande réputation, nous vous conseillons vivement les « Recettes en Provence » de Andrée Maureau* dans la collection des « Voyages gourmands »* (Edisud)

Rien n'est plus facile que de préparer des **fonds d'artichauts farcis** et gratinés. La farce peut être de légumes ou de viande. C'est le moment d'utiliser quelques restes. Nous avons choisi pour vous :

Fonds d'Artichauts au foie gras merveille d'entrée pour repas de fête.

Pour 6 personnes: 6 fonds d'artichauts et la valeur de 6 tranches de foie gras de canard, une vinaigrette à l'huile de noix et au vinaigre de cidre, sel et poivre.

Faire cuire les artichauts et préparer les fonds, en les laissant refroidir.

Émincer le foie gras dans les fonds d'artichauts. Verser la vinaigrette dessus et décorer d'un cerneau de noix ou mieux encore d'une lamelle de truffe. Une petite folie exquise. Pensez à utiliser des fonds d'artichauts congelés, si vous êtes pressé.

Artichauts à la vénitienne

Il s'agit d'un gratin très facile à préparer.

Pour 6 personnes : 6 artichauts, 2 ou 3 gousses d'ail, 1 ou 2 oignons selon leur grosseur, 1 citron jaune bien juteux, 1 boîte de tomates pelées, à moins que vous n'ayez le courage de les préparer vous-même, 2 grosses cuillers à soupe d'huile d'olive, 70 à 80 g d'olives vertes dénoyautées (facultatif) pour le côté pratique, sel et poivre.

Parer les artichauts, les couper en 4, en retirer le foin et les faire cuire à l'eau salée 20' avec le jus de citron. Préparer un hachis d'ail et d'oignons et le faire revenir dans un peu d'huile d'olive. Y ajouter les tomates, le sel et le poivre et laisser cuire à feu doux.

Placer les artichauts dans un plat à gratin, verser la sauce dessus, ajouter les olives, passer au four sous le gril et servir chaud.

Cette recette peut se faire avec des coeurs d'artichauts.

On peut aussi saupoudrer le gratin de parmesan et d'herbes de Provence.

Les Asperges

Cher Gaspard
Les asperges de la colline
Sont exquises, merci
De les avoir cueillies

Si les promenades de printemps conduisent vos pas dans les garrigues, faites connaissance avec les petites asperges sauvages. Vous les ferez revenir avec des lardons, pour un dîner champêtre.

Un dicton méditerranéen nous avertit : l'asperge, légume de printemps disparaît dans les feux de la Saint-Jean. L'on trouve sur les marchés des bottes d'asperges vertes ou blanches d'avril à juillet. Nous les aimons froides ou chaudes, en gratins ou en velouté... Elles se cuisent bien au micro-ondes (500g, 2 cuillers à soupe d'eau, 3').

Voici quelques idées :

Asperges froides ou chaudes et leurs sauces

A Emeline, Mimi
Et Laurent
Voici des asperges jolies
Cuisinées de bon coeur

Vinaigrettes parfumées, béchamel à la moutarde, bouillon de volaille lié avec des jaunes d'oeufs, tout est possible avec des asperges vertes et blanches, chaudes ou froides.

Les deux couleurs peuvent participer à la beauté de la présentation

Asperges à l'oeuf mimosa

Pour 6 personnes : 2 kg d'asperges, 1 cuiller à soupe de moutarde, si possible à l'estragon, 2 jaunes d'oeufs durs, un brin d'estragon ciselé, 10 cuillers à soupe d'huile d'olive, le jus d'un citron, sel et poivre.

Peler les asperges et les faire cuire à la vapeur ou à l'eau salée. Goûter pour s'assurer de la cuisson. Pendant ce temps, écraser soigneusement les jaunes d'oeufs, les mélanger avec la moutarde, ajouter l'huile d'olive en tournant pour épaissir la sauce. Compléter avec le jus de citron, l'estragon ciselé, saler et poivrer. Egoutter les asperges encore chaudes sur une serviette blanche dans le plat de service. Les offrir avec le bol de sauce à part.

Quiche aux Asperges vertes

Faire revenir des pointes d'asperges vertes dans un peu de beurre, puis ajouter des lardons fumés. Placer la pâte brisée dans le moule à tarte que vous aurez choisi. Verser dedans asperges et lardons et couvrir avec 3 oeufs battus avec de la crème fraîche (3 ou 4 cuillers à soupe).

Faire cuire à four chaud 20 à 30'.

Velouté d'Asperges

C'est un velouté très raffiné.

Voir notre « recette-type de Velouté » aux Courgettes page 41

Petite idée pour les enfants

: mouillettes d'asperges pour oeufs à la coque.

Les Aubergines

Chères familles
Nous ne savons pas
Si vous aimez
Les aubergines
Celles que nous vous dédions
Sont goûteuses et fines

Ce sont des fruits-légumes d'une brillance de toute beauté. Outre leur participation à la moussaka, à la ratatouille, nous les aimons farcies, en tian, en beignets, en garniture de cannelonis, en papetons... Voici nos préférences

Aubergines en escalopes au coulis de tomates

Choisir de belles grosses aubergines les plus rondes possibles. Les couper en tranches d'environ 1 cm d'épaisseur. Les passer dans une assiette de farine, puis dans des oeufs battus et enfin dans de la chapelure. Les faire dorer à la poêle dans un peu d'huile d'olive, en les retournant à mi-cuisson. Cuisson très rapide. Dès que les escalopes sont bien dorées et croustillantes, les saler, les poivrer et les servir chaudes. Vous pouvez les accompagner d'un simple jus de citron ou d'un coulis de tomate. Vous présenterez le coulis à part, mais vous pouvez aussi le verser sur les aubergines et faire gratiner avec un peu de gruyère râpé.

Aubergines en papetons et Hamburger d'aubergines

voir "au bonheur des enfants" p.74

Aubergines en papillotes

Recette exquise pour barbecue d'été. Compter 2 aubergines par personne. Les envelopper dans du papier "alu" et les enfouir dans les braises. S'assurer de la cuisson en ouvrant une papillote. Servir telles quelles. Chacun les ouvrira, coupera son aubergine en 2 et y versera un filet d'huile d'olive, sel et poivre.

Se déguste à la cuiller. Peuvent se faire tout simplement au four.

Caviar d'Aubergines

Cette recette peut faire une excellente entrée et participer à un apéritif.

Pour 1 gros bol, choisir 2 belles aubergines, 2 petits oignons frais, ou cébettes ou échalotes, 1 tomate, 1 gousse d'ail, un peu de persil, 1 verre d'huile d'olive.

Faire cuire les aubergines jusqu'à ce qu'elles soient tendres sous les doigts. Les éplucher. Ebouillanter la tomate pour l'éplucher, l'épépiner et la couper en morceaux. Verser dans le mixer la chair des aubergines avec tomate, oignons, ail, huile, sel et poivre, Il faut obtenir une crème ferme. Goûter et rectifier l'assaisonnement.

Ce caviar doit être relevé. L'on peut ajouter un jus de citron, ou du cumin.

Laisser au frais et servir avec le persil ciselé.

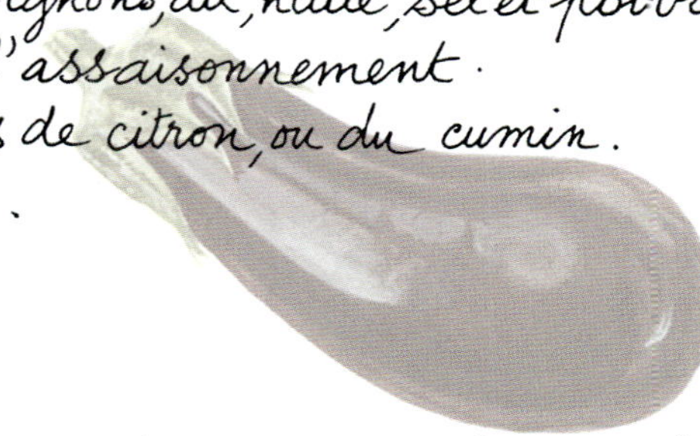

Les Avocats

Le choix des avocats, à l'achat, n'est pas facile. Comment reconnaître leurs qualités gustatives, leur maturité ? Sans doute l'habitude est-elle la meilleure conseillère ! Il existe un truc : choisir des avocats pas encore bien mûrs et les placer avec des pommes. Celles-ci accélèreront la maturation. On peut aussi les envelopper dans du papier de journal.

La façon la plus pratique de les déguster est de préparer quelques sauces rapides comme des vinaigrettes simples ou agrémentées de petits morceaux de cervelas, de sardines soigneusement écrasées, de persil... Aux Antilles, l'on aime l'avocat au crabe et aux crevettes. Il suffit de couper en 2 l'avocat, de retirer le noyau et de remplir ces coupes de la sauce préférée.

Soupe glacée d'Avocat

Pour vous, chère Sylvie
En toute amitié
Ces avocats joyeux
Magiques et goûteux
Sont fruits de Santé

Pour 6 personnes : 2 beaux avocats, 1/2 l. de bouillon (volaille ou autre), 125 g de crème fraîche, la valeur d'une bonne cuiller à soupe de cerfeuil haché et une d'estragon que l'on peut remplacer par du persil et de la ciboulette, du sel et du poivre. Du tabasco si vous en avez.

Mixer tous les ingrédients avec la chair des avocats, ajouter le bouillon et réserver cette soupe au réfrigérateur. Se sert glacée, dans des tasses, avec des tartines de pain grillé.

Mayonnaise d'Avocat à l'antillaise

Ecraser soigneusement un avocat bien mûr. Hacher très finement un peu de persil, un petit oignon frais ou une cébette, un soupçon de piment. Mélanger le tout avec sel et poivre dans un grand bol. Monter cette préparation comme une mayonnaise en versant, goutte à goutte, l'huile de votre choix. Finir avec un jus de citron. Exquis sur des tartines d'apéritif ou en sauce d'accompagnement pour des viandes ou des poissons froids.

Savez-vous que l'avocat peut devenir masque de beauté ?

Et pour convaincre les enfants de goûter aux avocats, l'on peut leur proposer de planter ces beaux noyaux brillants. C'est la partie bombée que l'on met dans l'eau ou le terreau.

La Banane-légume

Juste un petit mot sur la banane-légume qui se consomme en Afrique de l'Ouest. C'est en général la « banane plantain », grosse banane qu'il faut choisir très mûre, presque noire pour en faire « l'aloco ». Il suffit de l'éplucher, de la couper en rondelles que l'on fait frire dans de l'huile d'arachide. L'aloco se mange en en-cas ou en accompagnement de viande. C'est délicieux avec des chipolatas et un coulis de tomates très relevé.
On trouve aujourd'hui des bananes plantains dans les magasins de légumes exotiques.

La Betterave

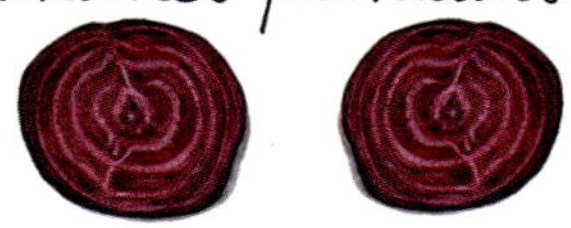

Pour Jean-Luc
Ces belles chips violettes
Pour accompagner
Un bon whisky de fête

Vous avez le choix de la cuisson, au four, à la vapeur ou à l'eau. Elle se cuit très bien, en petits dés, au micro-ondes qui lui garde sa fermeté. Vous pouvez alors la servir froide avec une vinaigrette agrémentée d'un hachis d'échalote, de persil ... et d'imagination.

Mais vous pouvez aussi la déguster crue, râpée avec un filet d'huile d'olive et du jus de citron. C'est délicieux.

Chips de Betterave Choisir des betteraves plutôt petites. Les couper en fines rondelles et les fariner, pour garder leur jolie couleur, avant de les faire frire.

Soupe rose de Betterave Pour 3 betteraves cuites, 15 cl de crème fraîche et 60 cl de bouillon de légumes froid, quelques brins de ciboulette, sel et poivre. Mixer la betterave avec la moitié de la crème jusqu'à ce que le mélange soit onctueux. Ajouter le bouillon, saler, poivrer et réserver au frais. Servir en décorant avec le reste de la crème et la ciboulette.

Voir petite idée au « Bonheur des Enfants » (p. 74)

Le Cardon

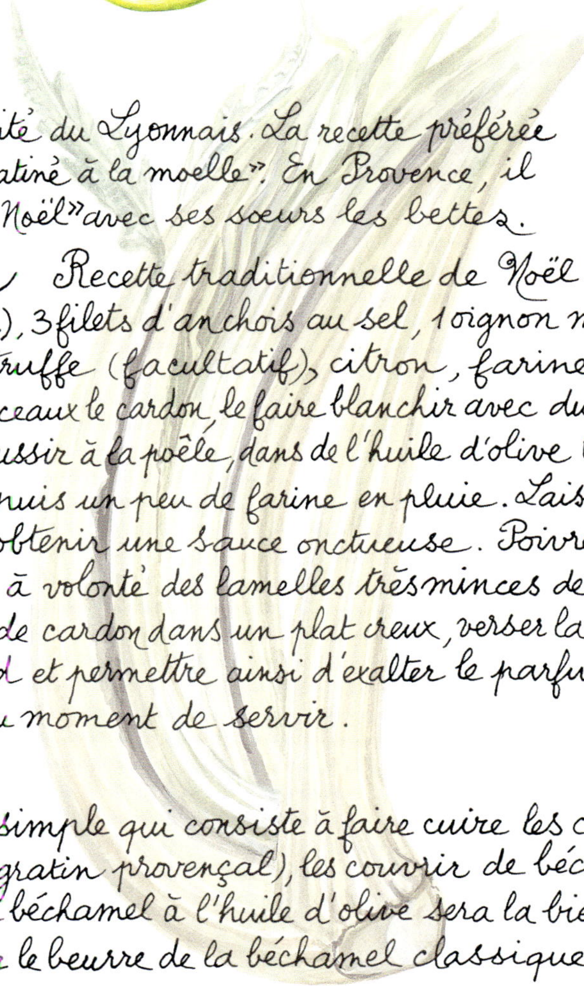

Cardons, cardons
Chantez, chantez
Noël
Chez Eliette et René

Ce légume est une spécialité du Lyonnais. La recette préférée de cette Région est « le Cardon gratiné à la moelle ». En Provence, il fait partie du « Gros souper de Noël » avec ses soeurs les bettes.

Cardons à l'ancienne

Recette traditionnelle de Noël.

Pour 1 beau cardon (6 pers.), 3 filets d'anchois au sel, 1 oignon moyen, 2 à 3 cuillers à soupe (100 g) de gruyère râpé, truffe (facultatif), citron, farine, lait.

Eplucher et couper en morceaux le cardon, le faire blanchir avec du jus de citron jusqu'à ce qu'il soit bien attendri. Faire roussir à la poêle, dans de l'huile d'olive très chaude, l'oignon émincé. Ajouter les anchois puis un peu de farine en pluie. Laisser prendre couleur et verser lentement le lait pour obtenir une sauce onctueuse. Poivrer légèrement (ne pas saler, les anchois le font). Ajouter à volonté des lamelles très minces de truffes.

Déposer les morceaux de cardon dans un plat creux, verser la sauce dessus et mettre au four pour le maintenir chaud et permettre ainsi d'exalter le parfum de la truffe. Parsemer de gruyère râpé au moment de servir.

Tian de Cardons

Il existe une recette très simple qui consiste à faire cuire les cardons dans un « blanc », les ranger dans un tian (plat à gratin provençal), les couvrir de béchamel et les mettre au four avec du gruyère râpé. Une béchamel à l'huile d'olive sera la bienvenue. Il s'agit tout simplement de remplacer le beurre de la béchamel classique par l'huile.

Les Carottes

Crue ou cuite, en légume, en confiture et même en produit de beauté, la carotte est magique. Nous aurions de quoi lui consacrer un « Petit Bonheur Maison » tout entier ! Sa renommée est récente. Au XIX siècle la carotte était beige. Les agronomes l'ont habillée de rouge orangé, à la demande des marchands pour la rendre plus séduisante.

Si les carottes sont présentes sur les marchés, pratiquement toute l'année, elles sont particulièrement savoureuses au printemps, lorsque l'on peut les croquer nature, les couper en bâtonnets pour une « anchoïade », ou encore les râper et les assaisonner d'une vinaigrette à l'huile de noix, ou mieux encore de citron et d'huile d'argan.

Leurs fanes peuvent entrer dans une soupe. La cuisson au micro-ondes des carottes est très satisfaisante. Elles gardent une certaine fermeté et peuvent se servir chaudes avec un filet d'huile d'olive ou une noix de beurre.

Un truc pour conserver des carottes : les placer, avec leurs fanes, entre des journaux, dans une caissette.

Carottes à la marocaine pour apéritif

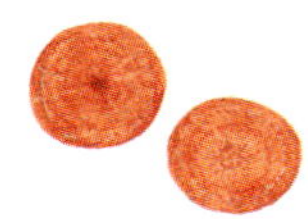

Chères soeurs
Plus de grimaces
Pour les carottes
Magiques
Elles font les joues roses

Pour 6 ou 7 carottes, 200 g de coulis de tomates, 2 gousses d'ail, 1 cuiller à café de cumin, la même quantité de ras-el-hanout et de paprika, un petit peu de harissa (attention à sa force), de l'huile d'olive, un gros bouquet de coriandre fraîche, des olives vertes dénoyautées et coupées en rondelles, du vinaigre, du sel et du poivre.

Préparer un bouillon avec eau (de quoi couvrir les carottes, sel, poivre, cumin, paprika, ras-el-hanout, ail écrasé et une bonne cuiller à soupe de coulis de tomates. Bien mélanger. Y verser les carottes coupées en rondelles (1cm) et porter le tout à ébullition.

Laisser mijoter jusqu'à ce que les carottes soient cuites mais encore fermes.

Une fois bien égouttées, les verser dans un saladier et les mélanger à une marinade préparée avec le reste du coulis de tomate, un tout petit peu de harissa, 3 bonnes cuillers à soupe d'huile d'olive, 1 cuiller à soupe de vinaigre. Laisser macérer au moins 5 heures au frais, mais une nuit est préférable. Servir avec des piques, les olives en décoration.

Essayez aussi la **Salade de Carottes au pamplemousse à l'africaine**

Carottes râpées et quartiers de pamplemousse rose, assaisonnés d'huile d'arachide, de sel, de sucre et de poivre, et saupoudrés d'arachides grillées et pilées. Pour 5 carottes, 1 pamplemousse et une poignée d'arachides.

Carottes aux beignets de persil

Pour 6 personnes : 1kg 200 de carottes (environ), 75g de beurre, 2 cuillers à soupe de sucre en poudre des bouquets de persil frisé (de quoi faire 25 à 30 petits beignets et un peu de sel)

Pour la pâte à frire : 15cl de bière, 75g de farine et 1 oeuf, 1 pincée de sel. Commencer par la pâte à frire qui doit reposer 2 heures en mélangeant farine, oeuf, bière et sel.

Laver, essorer le persil et le couper en petites branches. Nettoyer les carottes, les couper dans la longueur, puis en tronçons et les faire blanchir (10'). Dans une sauteuse, faire fondre le beurre et faire revenir les carottes bien égouttées. Ajouter le sucre et 2cl d'eau (à peu près 2 cuillers à soupe). Laisser cuire doucement en remuant de temps en temps.

Pendant la cuisson des carottes, préparer les beignets de persil en trempant les petites branches dans la pâte, puis la friture. Les déposer sur du papier absorbant avant de les présenter sur les carottes. Ce plat est particulièrement joli.

Carottes aux raisins secs

Pour 6 personnes : 800g de carottes, 75g de raisins secs, 20g de beurre, 1 bel oignon, 5 cuillers à soupe d'eau, sel et poivre (en fin de cuisson), une cocotte avec couvercle.

Gratter ou éplucher les carottes, les rincer et les couper en rondelles. Mettre à cuire tous les ingrédients dans la cocotte. Vérifier le moelleux des carottes. Servir avec un hachis de persil. Peut accompagner des viandes blanches ou des abats.

Muffins de Carottes à l'orange

Pour une vingtaine de muffins

5 carottes râpées (1 tasse), 2 oeufs, 2 tasses de farine, 1 tasse de jus d'orange, 1 tasse d'huile de tournesol, 1/2 tasse de sucre, 1/4 de tasse de miel, 1 cuiller à soupe d'eau de fleur d'oranger ou de rhum, 1 sachet de levure, 1 pincée de sel (1/4 de cuiller à moka).

Battre les oeufs avec l'huile, puis verser le sucre, les carottes, le miel, le jus d'orange et l'eau de fleur d'oranger. Tamiser la farine, la levure et le sel et les incorporer délicatement au mélange. Beurrer les moules à muffins, les remplir et les faire cuire au four 25'.

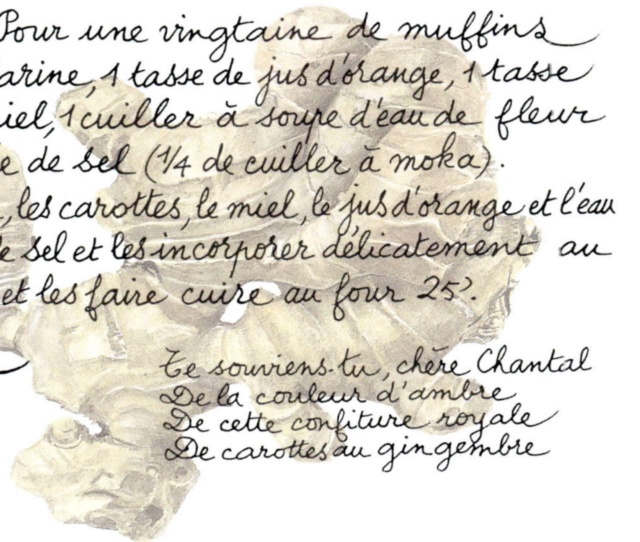

Confiture de Carottes au gingembre

Cette confiture a fait l'unanimité dans nos familles. Nous vous l'avons proposée dans nos « Confitures, Compotes et Fruits au sirop ».

Te souviens-tu, chère Chantal
De la couleur d'ambre
De cette confiture royale
De carottes au gingembre

Le Céleri

Le céleri est un excellent légume qu'il soit « en branche » ou « rave ».

Céleri branche, Céleri-rave
Dans un doux velouté
Vous êtes suaves
Nous vous dédions
A tous nos amis

Céleri en branche

En apéritif, l'on peut faire des petites tranches de coeur de céleri et les farcir d'un bon fromage de chèvre frais, bien goûteux, ou même de Roquefort. Nous avons essayé avec de la poutargue, étonnant !

Des bâtonnets de coeur de céleri sont particulièrement appréciés dans la corbeille de légumes de l'anchoïade, à côté de feuilles d'endives.

Céleri en branche braisé

Pour 6 personnes : 1,500kg de céleri en branche, un bouillon de volaille (de quoi couvrir le légume), sel, poivre, 20g de beurre, du persil ou mieux du cerfeuil.

Gratter les côtes de céleri et les couper en petits morceaux. Préparer le bouillon avec le beurre dans une cocotte et y verser le céleri. Laisser cuire tout doucement.

Si vous êtes pressé, le céleri accepte la cuisson micro-ondes (12' à puissance maximum).

Servir avec le persil ou le cerfeuil hachés.

Céleri-rave

La recette la plus courante est le céleri-rave cru, râpé, en rémoulade. Nous le préférons en vinaigrette, mais à l'huile de noix.

Le céleri-rave, cuit le plus simplement du monde, comme les pommes de terre à l'eau, est un délicieux accompagnement de rôti, servi dans le jus ou à côté.

Céleri-rave et pommes en gratin

Pour 6 personnes : 700 g de céleri, 3 pommes (les meilleures sont les reinettes), un pot de fromage blanc (250 g), un petit peu de beurre, sel et poivre. Couper le céleri en morceaux et le faire cuire à l'eau jusqu'à ce qu'il soit moelleux. L'égoutter et garder un peu d'eau de cuisson si vous avez besoin d'allonger légèrement le fromage. Eplucher les pommes et les couper en rondelles. Les faire revenir à la poêle dans le beurre. Dans un plat à gratin superposer, en plusieurs fois, le céleri mélangé au fromage, puis les pommes. Mettre au four.

Céleri-rave en purée

Faire cuire séparément une belle boule de céleri et 2 ou 3 pommes de terre. Préparer les 2 éléments en purée légère, puis les mélanger, sur le feu, avec de la crème fraîche et un peu de jus de cuisson si besoin. Goûter et rectifier l'assaisonnement avec poivre et sel. Excellent avec des côtes de porc ou de la volaille.

Le Céleri-rave offre aussi un délicieux **velouté**.

Les Champignons

Chères Cousines
Allons à la Charme
C'est le temps
Des champignons
Et des souvenirs
De vacances

Comme les carottes, les choux ou les pommes de terre, il nous faudrait un livre entier pour les champignons. L'automne nous réserve des merveilles, cèpes, chanterelles, rosés des prés, girolles... Mais ceux que nous connaissons le mieux, sont évidemment les champignons de Paris. Nous les aimons crus, en petites tranches dans un assaisonnement de notre imagination, vinaigrette, mayonnaise ou autre. Ils sont les bienvenus dans nos brochettes de légumes pour apéritif, ou préparés en petits farcis froids ou gratinés. Nous les apprécions revenus dans de l'huile d'olive pour accompagner des grillades, agrémentés d'une persillade. Exquis en omelettes, avec des fines herbes, ou dans du riz et des pâtes.

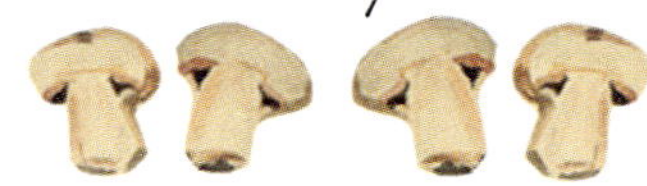

Mousse de Champignons

Pour 6 personnes : 750 g de champignons de Paris, 1 bol de béchamel, 4 oeufs, 4 cuillers à soupe de crème fraîche, 1 pincée de paprika, sel et poivre.

Nettoyer les champignons et les mixer (garder quelques têtes pour la décoration). Préparer un bol de béchamel. Battre la crème fraîche avec les jaunes d'oeufs et l'épice, y ajouter champignons et béchamel. Monter les blancs en neige avec une pincée de sel et les mélanger doucement à la préparation. Pour servir vous avez le choix : le moule individuel, ou le grand moule. Les remplir et les réserver au réfrigérateur au minimum 1 heure. Si vous avez choisi les moules individuels, vous aurez gardé 6 têtes de champignons que vous farcirez de mousse. Vous les poserez délicatement, au moment de servir avec quelques câpres, si vous les aimez, et une petite feuille de roquette ou de cresson.

Les Châtaignes

Juste un petit mot pour dire le plaisir qu'offre une « **Soirée Châtaignes** » au coin du feu lorsque les fêtes de l'hiver réunissent famille et amis.

Il faut posséder une grande poêle à trous, fendre l'écorce des châtaignes et les faire griller sur la braise. En Limousin, chez le cousin Antoine, on servait pour les accompagner, de grands bols de lait. Si vous n'avez pas de cheminée, vous pouvez utiliser votre four, mais il existe en Ardèche, pays des châtaignes, un grilloir électrique.

En outre, les châtaignes offrent une excellente farine.

La Chayotte Christophine ou Chouchoute

Si un jour vous découvrez des chayottes, laissez-vous tenter. C'est un « fruit-légumier », disent les Antillais, à peau vert pâle, hérissé de minuscules épines souples, et dont la chair presque blanche est savoureuse.

C'est en fait l'énorme baie (taille d'une grosse poire) d'une liane.

Elle se prépare comme des pommes de terre, en purée, en gratinée ou en salade

Il semblerait que ce soit un légume excellent pour les diabétiques.

Miracle, nous avons trouvé
chers Benoît et Régine
Des christophines
Au marché de Cadenet

Les Choux et les Choux-Fleurs

Nous avons regroupé les choux, qu'ils soient lisses, frisés, blancs, rouges, chinois et de Bruxelles, de même que nous avons rassemblé chou-fleur, brocolis, romanesco, parce que ce sont des légumes d'hiver (novembre à mars), de la même famille, que leurs goûts sont proches et les façons de les faire cuire se ressemblent.

Une récente étude dans les pays de l'Est de l'Europe, où l'on en mange beaucoup, affirme que tous ces choux, excellents pour la santé, diminueraient les risques de cancers.

Tout d'abord 2 petits **conseils**.

Le premier concerne l'odeur du chou dans la maison. Pour empêcher cette odeur de se répandre, le morceau de pain dans la casserole ne suffit pas. Déposez plutôt un linge imbibé de vinaigre sur la casserole. Faites-le avec précaution pour ne pas qu'il prenne feu.

Le second conseil concerne la digestion. Faire blanchir le chou 5' (après les premiers bouillons) et jeter l'eau. Recouvrir à nouveau d'eau fraîche et poursuivre la cuisson.

Les Choux

Ils sont excellents en salade. Il faut les choisir tendres et frais et les émincer très finement.

Un petit conseil: une fois émincés, faire dégorger avec un peu de sel en malaxant pour casser la fibre. Ce sera plus digeste. **Une petite idée**: le mélanger avec des lamelles de pomme et d'avocat et préparer une sauce yaourt-moutarde.

Potée de Chou à la Lorraine

Pour 6 personnes: 1 ou 2 choux selon leur grosseur, 700 g de pommes de terre, 75 g de saindoux, 350 g de lard maigre, 3 saucisses de Morteau, 700 g de palette de porc.

Nettoyer le chou, retirer les feuilles extérieures plus dures et le trognon et le couper en morceaux. Le faire blanchir à l'eau bouillante salée 15 à 20'. Eplucher les pommes de terre et les couper en 2. Faire fondre le saindoux dans une grande cocotte et y faire revenir doucement le lard, la palette et les saucisses. Rincer le chou, bien l'égoutter et le poser sur les viandes. Mettre ensuite les pommes de terre et couvrir d'eau froide. Faire mijoter à couvert pendant 1 heure 1/2. Se sert dans la cocotte.

Soupe aux Choux « VTT »

Réconfort des cyclistes, après la course tout terrain de Cadenet.

Pour 1,500 à 2 kg de chou vert, 750 g de pommes de terre, 250 g de poitrine salée, 1 saucisse de ménage. Préparer de l'eau bouillante. Y verser le chou coupé en morceaux (pas forcément petits), porter à nouveau à ébullition. Laisser cuire 1/2 heure. Ajouter les pommes de terre épluchées, la poitrine salée et la saucisse et faire mijoter 30'. Saler et poivrer.

Si vous aimez le vtt
Venez donc à Cadenet
La famille Dechavanne
Et leurs amis
Vous feront déguster
La soupe aux choux
De l'amitié

Feuilles de Chou farcies

Vous aurez l'impression de servir des jolies « paupiettes ».

Pour 6 personnes (2 farcis par personne) : 1 gros chou frisé ou lisse (ou 2) qui devrait vous offrir 12 belles feuilles tendres, 375 g d'épaule ou de gigot d'agneau cuits, 6 tranches de jambon cru, 300 g de viande blanche (restes de veau ou de poulet), 3 oignons, 4 gousses d'ail (plus si vous aimez), 1 petit bouquet de cerfeuil ou de coriandre, 3 oeufs, 3 cuillers à soupe d'huile d'olive, 1 feuille de laurier par petit farci, sel et poivre au moulin.

Eplucher le chou en retirant les feuilles extérieures, trop grosses et plus dures, et le trognon. Séparer les feuilles que l'on fait blanchir (3 à 4'), 2 par 2, dans de l'eau bouillante salée. Les rincer à l'eau froide, pour arrêter la cuisson et les égoutter soigneusement sur un papier absorbant.

Dans une sauteuse, faire revenir doucement, avec un petit peu d'huile d'olive, oignons et ail pelés et émincés.

Dans le bol du mixer, verser les viandes coupées en dés, le jambon, les oeufs, le cerfeuil, l'ail et les oignons revenus, saler et poivrer. Il faut obtenir une farce assez fine.

Préchauffer le four à 180°. Préparer des boules de farce, que l'on déposera au coeur des feuilles de chou pour en faire des petits paquets que l'on peut ficeler ou maintenir avec 1 ou 2 piques.

Faire dorer ces paupiettes à la poêle puis les déposer dans un plat à gratin, chacune sur une feuille de laurier. Ajouter un filet d'huile d'olive, saler, poivrer et enfourner 1 heure. A mi-cuisson arroser d'un verre d'eau.

Vous pouvez accompagner ces feuilles de chou farcies d'une sauce tomate.

Le Chou Chinois

C'est peut-être le plus fin de goût et de consistance pour une salade, assaisonné d'un peu d'huile de noix et de votre vinaigre préféré. Oeufs durs, noix, petits morceaux de fromage, roquefort, complètent agréablement la salade de chou chinois.

Il est très raffiné en **velouté**.

En Chine, lorsqu'on fait une salade c'est uniquement du chou chinois.

Le Chou rouge, ce n'est pas notre préféré, il est souvent dur et son odeur plus forte. Mais, bien attendri (malaxé avec du sel), c'est malgré tout un excellent chou à salade, mélangé, pour la couleur, avec du chou vert ou du chou chinois.

Le Chou de Bruxelles

Ce petit chou pommé se mange généralement cuit à la vapeur, à l'eau ou braisé, en accompagnement.

Le Chou-fleur

Nos paniers d'osier
Emplis de choux, choux-fleurs
Romanesco et Brocolis
Embaument ce matin
La terre généreuse
C'est « Comme au Jardin »

C'est un légume très intéressant car il se mange cru ou cuit. Cuit vous pouvez le servir nature avec un rôti, en faire de la purée, le gratiner recouvert d'une béchamel et le proposer en velouté. Le chou-fleur accepte le micro-ondes.

Chou-fleur en petits bouquets

Parer le chou-fleur bien frais en petits bouquets croquants et les servir en apéritif avec 2 ou 3 sauces mayonnaise, sauce à l'anchois, houmos... Ils seront très appréciés dans une anchoïade.

Chou-fleur aux crevettes de Marie

Faire cuire le chou-fleur le plus simplement du monde, bien l'égoutter et le laisser refroidir. Préparer une mayonnaise très relevée et y ajouter une bonne quantité de crevettes épluchées. La présentation de ce hors-d'oeuvre est laissée à votre imagination, les couleurs étant très jolies.

Couscous
De Chou-fleur
Pour une cuisine
De fantaisie
Céline, merci

Couscous de Chou-fleur

C'est une idée simple.
Râper les bouquets de chou-fleur.
Ajouter du poivron coupé en petits dés, de la coriandre hachée, du piment en poudre, du gingembre en poudre, du jus de citron, de l'huile d'olive et... des miettes de crabe !

Le Brocolis

Nous aimons le cuire, en petits bouquets, tout simplement à l'eau, à la vapeur ou à la cocotte minute, et le servir bien chaud avec un peu de beurre demi-sel ou un filet d'huile d'olive. C'est un accompagnement rêvé pour des viandes grillées.

Un conseil intéressant de cuisson : faire d'abord cuire les tiges (environ 10') puis rajouter les bouquets (5') qui garderont ainsi leur fermeté.

Froids, en salade, ces petits bouquets sont délicieux.

Nous les servons aussi avec une recette bourguignonne de jambon à la crème.

Brocolis aux amandes en gratin

Pour 6 personnes : 750 g de brocolis, 6 oeufs, 5 échalotes, 40 g de crème fraîche, 60 g de beurre et un petit peu plus pour beurrer le plat, 80 g d'amandes effilées, 1 pincée de muscade, sel et poivre.

Faire cuire les brocolis dans l'eau bouillante. Hacher les échalotes et les faire dorer dans le beurre, en remuant. Battre les oeufs avec la crème, ajouter échalotes, muscade, sel et poivre.

Vous pouvez préparer des petits plats individuels ou un grand plat commun (allant au four).

Y ranger les brocolis, verser la crème, puis les amandes.

Passer au four chaud pour faire gratiner.

Si l'on est pressé le brocolis supporte le micro-ondes.

Le Romanesco

Merci, Serge Schall
Vous nous avez ouvert l'esprit
Nous savons aujourd'hui
Ce que veut dire «fractal»

L'on est admiratif lorsque, sur les étalages d'automne, apparaît cette sorte de chou-fleur vert vif, composé de petits bouquets en cônes.

La construction de ce légume est superbe. On l'appelle «fractale» car chaque cône est la réduction exacte de l'ensemble.

Le goût du romanesco pourrait se trouver entre le chou et le chou-fleur, mais en plus subtil.

Nous le cuisons à la vapeur (cuiseur-vapeur ou cocotte-minute) en salant très légèrement.

Le romanesco peut se déguster en purée parfumée à l'estragon (ne pas oublier de garder quelques bouquets en décoration), en gratin, comme le brocolis qui précède, mais ce que nous aimons particulièrement, c'est le préparer, nature, en petits bouquets, pour accompagner des viandes grillées, des saucisses, assaisonné du jus de viande. Succès assuré.

Le Coing

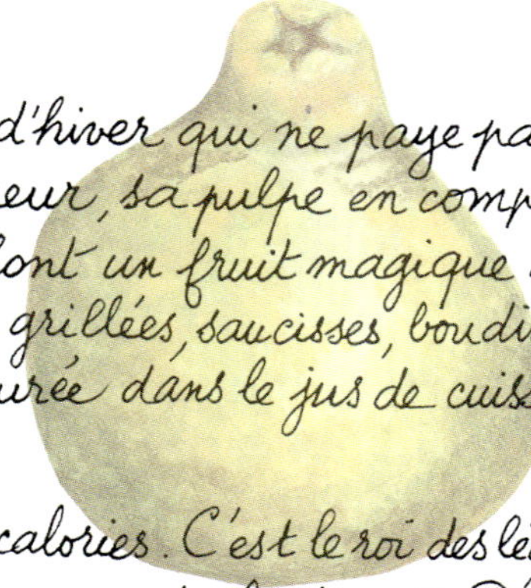

C'est l'un de ces légumes-fruits d'automne et d'hiver qui ne paye pas de mine et dont tout peut être utilisé avec bonheur. Sa peau en liqueur, sa pulpe en compote et en pâte de fruits, son jus en gelée et ses pépins en shampoing, en font un fruit magique. Pour notre propos, c'est un accompagnement délicieux pour viandes grillées, saucisses, boudins. Il suffit de les faire cuire à l'eau et de les servir en morceaux ou en purée dans le jus de cuisson des viandes.

Le Concombre

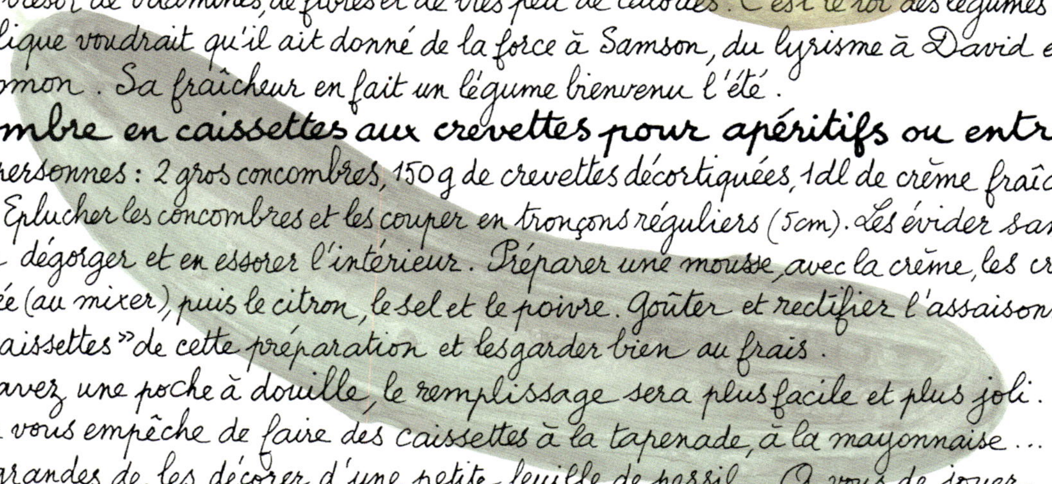

C'est un trésor de vitamines, de fibres et de très peu de calories. C'est le roi des légumes de régime. La tradition biblique voudrait qu'il ait donné de la force à Samson, du lyrisme à David et de la sagesse à Salomon. Sa fraîcheur en fait un légume bienvenu l'été.

Concombre en caissettes aux crevettes pour apéritifs ou entrées

Pour 6 personnes : 2 gros concombres, 150 g de crevettes décortiquées, 1 dl de crème fraîche, 1 citron, sel et poivre. Eplucher les concombres et les couper en tronçons réguliers (5 cm). Les évider sans trouer le fond. Les faire dégorger et en essorer l'intérieur. Préparer une mousse, avec la crème, les crevettes réduites en purée (au mixer), puis le citron, le sel et le poivre. Goûter et rectifier l'assaisonnement. Remplir les « caissettes » de cette préparation et les garder bien au frais.

Si vous avez une poche à douille, le remplissage sera plus facile et plus joli.

Rien ne vous empêche de faire des caissettes à la tapenade, à la mayonnaise... plus petites ou plus grandes, de les décorer d'une petite feuille de persil. A vous de jouer.

Vous retrouverez le concombre dans l'anchoïade. Savez-vous que l'on peut le faire cuire en gratin ! Nous vous avons offert un cocktail-soupe glacée dans nos « Plaisirs sans alcool ».

Les Courgettes

C'est au jardin de Vincent
Que poussent
Les meilleures courgettes
Fruits et fleurs
Nous sont fête

Elles entrent dans la catégorie des fruits-légumes. Les fleurs font des beignets et des petits farcis exquis. Nous vous les raconterons dans un prochain « Petit Bonheur Maison. Nous les aimons sous toutes les formes, nature, gratinées, farcies à la viande ou aux légumes, grillées en rondelles à la poêle pour accompagner un riz, en flan ou clafoutis salé... Les épices font bon ménage avec les courgettes qui ont besoin d'être relevées. C'est un légume d'été très agréable. Vous pouvez tenter le "crumble" de courgettes (voir Tomates p. 61).

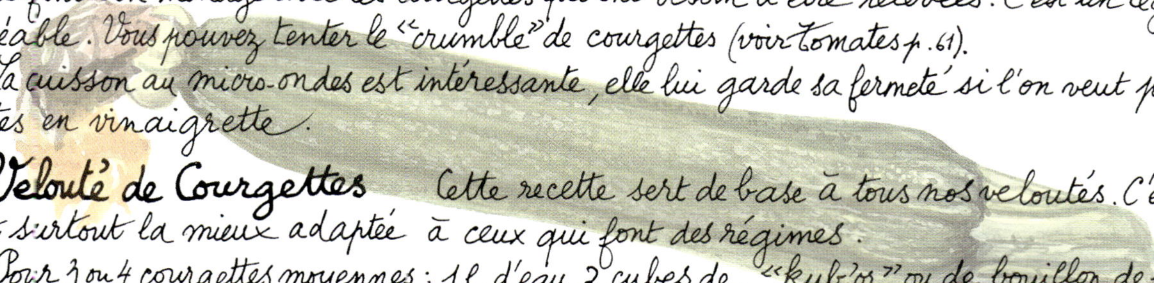

La cuisson au micro-ondes est intéressante, elle lui garde sa fermeté si l'on veut préparer des courgettes en vinaigrette.

Velouté de Courgettes Cette recette sert de base à tous nos veloutés. C'est la plus facile et surtout la mieux adaptée à ceux qui font des régimes.

Pour 3 ou 4 courgettes moyennes : 1 l. d'eau, 2 cubes de "kub'or" ou de bouillon de poule. Faire cuire les courgettes, coupées en morceaux, dans le bouillon. Elles doivent être fondantes. Les mixer pour obtenir une crème. L'astuce est d'y joindre 2 ou 3 portions de « Vache qui rit » ou de fromage similaire. Goûter et rectifier l'assaisonnement. Si vous n'avez pas peur de la crème vous pouvez remplacer le fromage par de la crème fraîche à votre convenance.

Cette recette est valable pour la majorité des légumes. Vous pouvez y ajouter un oignon, et, pour le velouté de potiron, n'hésitez pas à y mettre des châtaignes. C'est délicieux.

Spaghettis de Courgettes

L'idéal est de tailler les courgettes sur cette râpe magique qu'est la « mandoline » et de placer les spaghettis ainsi découpés dans un plat allant au micro-ondes. La cuisson est très rapide, 2 à 3'. Vous pouvez les déguster au beurre, les présenter en accompagnement, c'est délicieux. Si vous changez la lame de votre mandoline vous aurez des tagliatelles. Pour celles-ci vous pouvez d'ailleurs utiliser un « économe ».

Pain de Courgettes

Pour 6 personnes : 1kg de courgettes, 2 oignons moyens et 1 échalote (ou 4 belles échalotes), 7 oeufs, 2 gousses d'ail, 50g de chapelure, huile d'olive, sel, poivre et muscade râpée (1 pincée).

Faire un hachis avec oignons, échalote et ail. Couper les courgettes, avec leur peau, en fines rondelles et les faire revenir à la poêle. Garder quelques rondelles pour tapisser le moule, elles feront une très jolie décoration. Lorsque les courgettes seront juste cuites, ajouter le hachis, saler et poivrer. Laisser refroidir. Battre les oeufs en omelette avec sel, poivre et muscade, les mélanger aux courgettes avec la chapelure. Verser la préparation dans un moule à cake beurré et faire cuire au bain-marie à four chaud (180°) environ 1h. Vérifier la cuisson avec un couteau. Démouler froid et servir avec une sauce de votre choix. Nous aimons le coulis de tomates au basilic.

Dessert aux Courgettes

Pour 5 à 6 personnes : 3 ou 4 courgettes selon la taille, 4 oeufs, 100g de pignons, 150g de sucre, 200g de farine, 150g de beurre ou d'huile d'olive, 1 sachet de levure, 1 pincée de sel.

Eplucher et couper les courgettes en morceaux. Battre oeufs et sucre. Mixer le tout.

Ajouter beurre ou huile, farine mélangée à la levure et sel. Obtenir une pâte bien lisse. Terminer avec les pignons. Verser la préparation dans un moule beurré et cuire à four chaud (180°) environ 1/2 h.

Les Crosnes

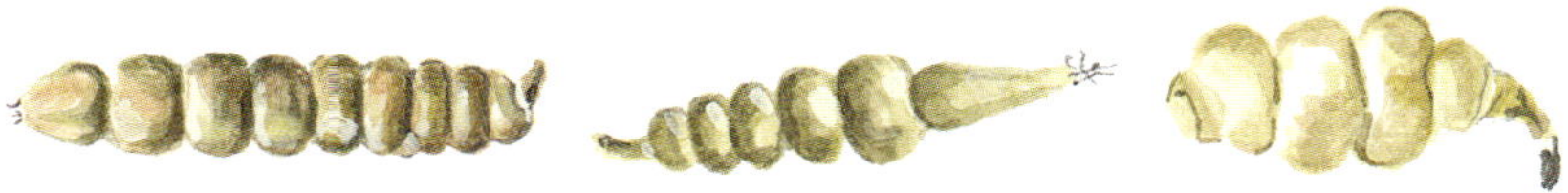

Crosnes raffinés
Vous ressemblez
A des coquillages
Michel goûtez-y
Ils sont pour vous
Drôles et délicieux

Ce sont de drôles de petits légumes tortillés comme des coquillages. Leur nom vient de Crosne, dans l'Essonne, qui fut à l'origine de leur introduction en France. On les trouve en général nettoyés. Si ce n'est pas le cas, il suffit de les laver et de les frotter avec du gros sel qui fera disparaître la pellicule de peau. La cuisson la plus simple est à l'eau bouillante ou à la vapeur. Servis avec une viande, les crosnes seront assaisonnés de son jus. Leur goût ? très fin et subtil avec peut-être une petite saveur de noisette ou d'artichaut.

Crosnes aux lardons croustillants

Pour 6 personnes : 1 kg de crosnes, du lard fumé ou du jambon cru, 20 à 30 g de beurre, sel et poivre.
Faire fondre le beurre dans une sauteuse, y verser les crosnes, saler (à peine, le lard complétera) et poivrer. Faire cuire à feu doux et à couvert en remuant de temps en temps, une vingtaine de minutes. Découper des petites tranches très fines de lard ou de minces lanières de jambon cru et les faire croustiller dans un fond d'huile.

Servir les crosnes très chauds, dans un plat creux et les parsemer des lardons (égouttés sur du papier absorbant). Décorer de persil ou de cerfeuil ciselés ou, mieux, des petits beignets de persil que nous vous avons proposés avec les carottes (p. 27).

L'Endive et la Carmine

C'est au XIX ème siècle qu'en Belgique, un paysan ayant oublié des racines de chicorée dans sa cave, les retrouva dodues et recouvertes de longues feuilles jaunâtres. Il goûta et décida de les cultiver.

Les meilleures endives se dégustent de novembre à mars. Cuites à l'eau et servies bien chaudes avec un filet d'huile d'olive, braisées, roulées dans du jambon et gratinées, nous les aimons beaucoup. Nature c'est aussi une bonne salade d'hiver. Elle participe toujours à notre anchoïade et ses feuilles en barquettes sont très pratiques pour des apéritifs.

Endives en petits flans

Pour 6 personnes : 1 kg d'endives, 5 oeufs, 50 cl de crème fraîche, 50 cl de lait, 50 g de beurre, le jus d'1/2 citron, sel, poivre et une pincée de muscade ou de cumin que nous aimons beaucoup.

Faire cuire, dans une cocotte, à feu doux, avec le beurre, le citron, le sel et le poivre, les endives coupées en petits morceaux. Les laisser fondre, puis les égoutter. Beurrer des ramequins.

Dans une terrine, battre oeufs, lait et crème, muscade et y mélanger les endives.

Faire cuire à four chaud (180°), au bain-marie, une vingtaine de minutes.

Servis avec une volaille ou une viande blanche, ces petits flans sont délicieux.

La Carmine est une endive blanche et rouge carmin dont la beauté nous a séduites. Elle se savoure comme l'endive.

Pour sa couleur
Exquise
Nous t'offrons
Chère Catherine
Ces jolies Carmines

Les Epinards

Une salade d'Epinards
Pour Marie
Quel plaisir simple
et exquis !

Ils sont sur les marchés d'avril à septembre.
Si vous les aimez frais et tendres en salade, choisissez-les au printemps. Assaisonnez-les de votre vinaigrette préférée.
Nous vous conseillons une vinaigrette au miel, sauce soja, jus d'orange, sel et huile d'olive, c'est délicieux.

Crêpes aux Epinards

Faire cuire les épinards, les essorer et les hacher finement. Les incorporer à de la pâte à crêpes, non sucrée, qui aura reposé 2 ou 3 heures. Faire cuire les crêpes des 2 côtés, les plier en 4 et les servir très chaudes.

Si la saison des épinards est passée, l'on en trouve d'excellents surgelés.

Soupe d'Epinards aux poireaux

Pour 6 personnes : 700 g d'épinards, 6 ou 7 beaux poireaux, 3 pommes de terre, sel et poivre.

Laver les poireaux, séparer le blanc du vert et les découper en petits tronçons (1 ou 2 cm).
Dans une cocotte, commencer par faire brunir les blancs dans un fond de gras, puis rajouter les verts.

Eplucher les épinards et les ajouter aux poireaux.
Saler et poivrer. Faire réduire. Ajouter les pommes de terre coupées en dés et 4 bols d'eau. Saler et poivrer. Laisser mijoter environ 20'. Il reste à passer le tout au mixer. Rectifier l'assaisonnement et servir très chaud.

Le Fenouil

Si le fenouil est à la fois une merveilleuse plante aromatique et une épice odorante et anisée, son bulbe est un légume très parfumé, excellent en accompagnement de viandes blanches et de poissons.

Le fenouil se cuit très bien au micro-ondes.

Dans la mythologie, le fenouil, nourriture des dieux, donnait accès à la Connaissance. Les Egyptiens et les Chinois le connaissaient dès l'âge du Bronze. Les Grecs en firent un symbole de victoire en battant les Perses à Marathon (490 av. J.C.) dans un champ de fenouil... Les tiges de fenouil entrelacées composaient alors des couronnes d'apparat. Au Moyen Âge le fenouil, que l'on suspendait au-dessus des portes, préservait la maison des sorcières de la Saint-Jean.

Fenouil braisé

Pour 6 personnes : 6 ou 8 bulbes selon leur grosseur, 70 g de beurre ou de graisse d'oie, un hachis de fines herbes, sel et poivre.

Faire blanchir les bulbes entiers dans de l'eau salée, additionnée d'1 ou 2 cuillers à soupe de farine. Les égoutter et les rafraîchir à l'eau froide. Dans une sauteuse ou une cocotte, faire fondre le beurre ou la graisse d'oie. Y faire revenir les fenouils, sans les colorer, et les laisser cuire à feu doux en les retournant délicatement. Ne les couvrir que pour terminer la cuisson. Se servent nature ou saupoudrés d'un hachis de fines herbes.

Variante : le fenouil, braisé ou bouilli, s'accommode bien d'une sauce tomate au vin blanc.

Fenouil en couronne

Lors de vos randonnées
Cueillez, cueillez
Chère Marie-Hélène
Ce Fenouil parfumé

Pour 6 personnes : 3 ou 4 bulbes selon leur grosseur, 1 oignon haché, 1 cuiller à soupe de moutarde (à l'ancienne), 3 oeufs, 30 cl de crème liquide, de quoi beurrer un moule, sel et poivre.

Eplucher les bulbes et les émincer. Les faire cuire à l'eau bouillante avec l'oignon (5 à 10'), puis les égoutter. Mettre le tout dans le mixer avec la moutarde, les oeufs, la crème, sel et poivre. Il faut obtenir un mélange lisse. Beurrer un moule en couronne, y verser la préparation et faire cuire au bain-marie à four chaud (½ heure environ). Démouler la couronne au moment de servir et la décorer de petites feuilles de salade ou de feuilles de fenouil. Goûtez-les avant, elles sont souvent amères. Vous pouvez présenter cette couronne avec un poisson.

Gourmandise au Fenouil

C'est une pâte de fruit qui se prépare comme de la pâte de coing. Même poids de sucre et de purée de fenouil.

Les Figues

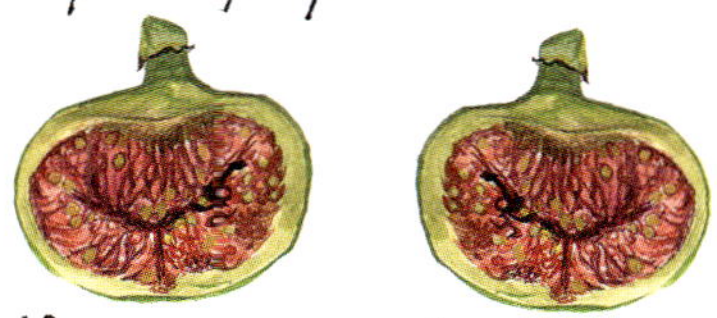

Juste un petit clin d'oeil pour vous donner l'eau à la bouche. Conservez les figues de l'été au congélateur et ressortez-les au moment des fêtes pour accompagner un foie gras poêlé...
Une splendeur !

Le Gombo

Le gombo est un légume exotique, originaire de l'Inde, de la forme d'un gros cornichon effilé. Cuite sa chair est douce et aromatisée. Il entre dans de nombreuses recettes africaines et antillaises, en accompagnements de viandes. Au Maroc, l'on en fait une purée parfumée de persil et de coriandre hachés. Ce que l'on sait moins, c'est que les graines de gombo offrent une huile essentielle que l'on nomme « l'ambrette ».

Les Haricots verts

De juin à octobre, on peut les acheter frais et les déguster, cuits à l'eau ou à la vapeur, tout simplement avec un peu de beurre ou de crème fraîche. C'est aussi un merveilleux légume d'accompagnement, agrémenté d'une persillade, pour toutes sortes de viandes. En salade avec un hachis de cébettes ou d'échalotes, de persil, de ciboulette et d'estragon (facultatif), c'est une entrée fraîche et très pratique. Ils sont souvent meilleurs surgelés qu'en boîte.

L'Igname

C'est un gros tubercule dont on prépare une purée consistante « le foutou », qui accompagne souvent le poisson en Afrique de l'Ouest. L'intérêt pour notre propos est que l'on trouve ce légume en flocons, comme de la purée mousseline et ceux qui aiment la polenta aimeront le « foutou ».

Lentilles corail

Merci, merci
Chère Florence
tes Lentilles corail
Valent bien une médaille

Si vous entrez dans une épicerie fine, laissez vous tenter par des lentilles corail. Elles cuisent très vite. C'est un accompagnement délicieux, nature ou en purée, d'une couleur exquise. Si vous voulez les déguster en salade, faites-le sans cuisson. Il suffit de les faire tremper 24 h. en changeant l'eau, puis de les égoutter et de les assaisonner à votre goût.

Le Manioc

Si le manioc est la nourriture principale de beaucoup de pays d'Afrique tropicale, les feuilles et les tubercules sont consommés. Si nous le citons ici, c'est que le **tapioca**, qu'il faudrait remettre à l'ordre du jour, est un dérivé du manioc.
Il est utile, par exemple, pour épaissir une soupe.

Le nom du Manioc
Aujourd'hui encore
Nous raconte Chère Françoise
Des souvenirs-trésors

Les Navets

Ce légume était en vogue, en Europe avant l'arrivée des pommes de terre. Aujourd'hui, après un long sommeil, l'Hérault a repris la culture traditionnelle d'un navet rustique, noir, à la chair blanche et fondante, qui fait la gloire de la région de Pardaillan et le bonheur des grands chefs.

Les navets que nous connaissons le mieux, sont ronds, blancs, à collet violet, ou blancs à collet rose, dits de Milan, ou encore longs et blancs, dits de Nantes. Ils se cuisent très simplement, peuvent se manger comme des pommes de terre à l'eau, avec beurre et persillade, ou revenus dans un peu d'huile d'olive. Ils font des farcis savoureux. En purée, gratinée ou non, c'est exquis avec une volaille. Ils participent volontiers aux ragoûts, pot-au-feu et velouté de légumes.

Les Oignons

Oignons et oranges
Quel étrange mélange
Merci chère Danielle
C'est une merveille

Crus et croquants, les petits oignons nouveaux et les cébettes sont délicieux avec des grillades.
Vous pouvez farcir des gros oignons, en faire des tartes, des croquettes, des crépiaux (crème-omelette à la farine) et en parfumer des salades composées.
Petit conseil: si vos oignons commencent à développer des tiges, ne les jetez pas. Les ciseler et les utiliser comme de la ciboulette.

Savoureuse idée d'entrée ou... de dessert à l'Oignon

Sur un lit de rondelles fines d'oranges, un tapis d'oignons (blancs ou paille), assaisonné d'huile d'olive, de sel et de poivre.

Pastels aux Oignons

Ce sont des petites rissoles exquises originaires de Saint-Louis du Sénégal. Pour une cinquantaine de pastels, préparer une pâte brisée (500 g de farine, 1 verre d'huile d'arachide, un petit peu d'eau et de sel).

Faire un grand bol de farce en hachant des oignons et des échalotes, du persil, de la coriandre, un petit peu de piment si vous aimez, du sel et du poivre.

Etaler finement la pâte et en découper des ronds, à l'aide d'un verre de 7 à 8 cm de diamètre. Placer une grosse noisette de farce au milieu de chacun, mouiller les bords et les rabattre pour former des petits chaussons dont on colle, à l'aide d'une fourchette, les bords en "feston". Verser délicatement les pastels dans de l'huile de friture bouillante. Ils sont cuits lorsqu'ils "remontent". Les sortir sur du papier absorbant et les servir dans un plateau avec une coupe de coulis de tomate bien relevé.

Purée d'Oignons à la Soubise

Faire blanchir vos oignons émincés, 2'. Les égoutter et les verser dans une sauteuse avec une noix de beurre. Couvrir de bouillon et faire mijoter à couvert. Lorsqu'ils sont cuits (attention ils doivent rester blancs!), les mixer et les mélanger ensuite à une béchamel épaisse. Vérifier l'assaisonnement. Remettre sur le feu quelques minutes en remuant. Cela ne doit pas attacher. Excellent accompagnement, très raffiné.

L'Oseille

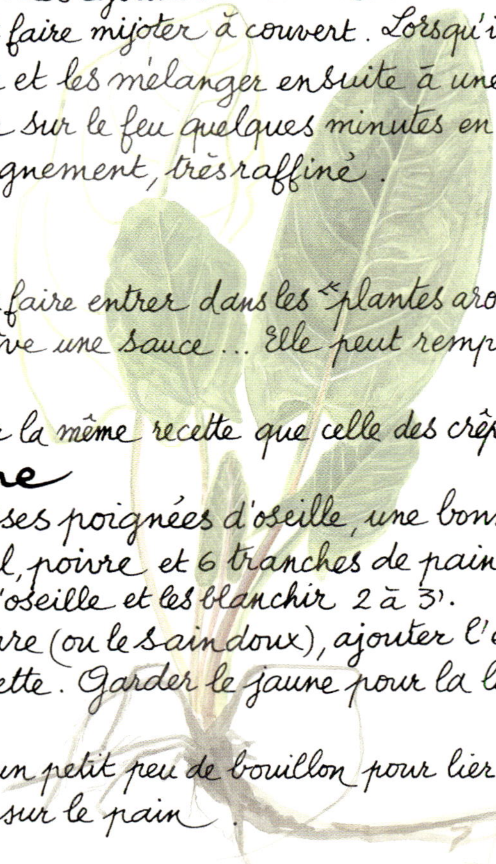

Le petit goût acidulé de l'oseille pourrait la faire entrer dans les « plantes aromatiques ». Elle parfume une omelette avec plaisir. Elle relève une sauce... Elle peut remplacer les « brèdes » des recettes malgaches

Crêpes à l'Oseille : Utiliser la même recette que celle des crêpes aux épinards.

Soupe à l'Oseille limousine

Pour 6 personnes : 3 l. d'eau, 3 grosses poignées d'oseille, une bonne cuiller à soupe de beurre ou de saindoux, 1 oeuf, sel, poivre et 6 tranches de pain de campagne.

Trier, laver et équeuter les feuilles d'oseille et les blanchir 2 à 3'.

Les faire revenir ensuite dans le beurre (ou le saindoux), ajouter l'eau, le sel et le poivre, et le blanc d'oeuf battu à la fourchette. Garder le jaune pour la liaison. Laisser cuire doucement 20 à 30'.

Hors feu, délayer le jaune d'oeuf avec un petit peu de bouillon pour lier la soupe avant de la verser très chaude dans la soupière sur le pain.

Le Panais

Il ressemble à un gros navet à la saveur douce, avec un petit arrière goût de céleri-rave. Excellent apport au pot-au-feu. Se cuit à l'eau bouillante, donne une bonne purée et peut se servir, cuit et encore tiède, en vinaigrette aux fines herbes.

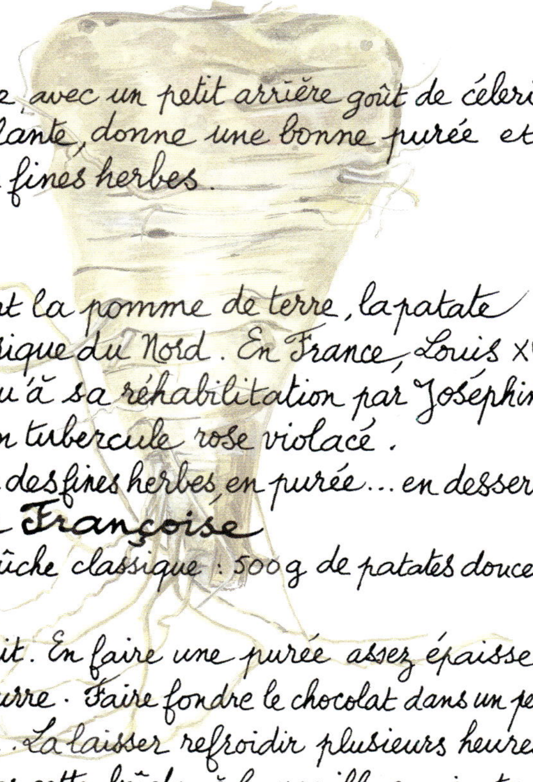

La Patate douce

Rapportée par Christophe Colomb deux siècles avant la pomme de terre, la patate douce séduisit les Portugais qui l'introduisirent en Afrique du Nord. En France, Louis XV l'aima mais, à sa mort, elle tomba en désuétude jusqu'à sa réhabilitation par Joséphine de Beauharnais. La patate douce se présente comme un tubercule rose violacé.

Nous l'aimons en rondelles frites, cuites au four avec des fines herbes, en purée… en dessert.

Bûche de Noël de Patate douce de Françoise

Son petit goût de marron est délicieux. Pour une bûche classique : 500 g de patates douces, 3/4 de litre de lait, 250 g de chocolat fin et 100 g de beurre.

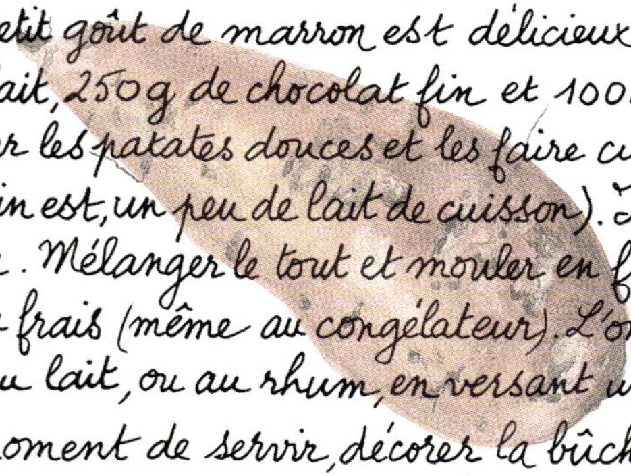

Eplucher les patates douces et les faire cuire dans le lait. En faire une purée assez épaisse (utiliser, si besoin est, un peu de lait de cuisson). Incorporer le beurre. Faire fondre le chocolat dans un peu de lait ou d'eau. Mélanger le tout et mouler en forme de bûche. La laisser refroidir plusieurs heures et la garder au frais (même au congélateur). L'on peut parfumer cette bûche à la vanille en ajoutant une gousse au lait, ou au rhum, en versant une cuiller à soupe de celui-ci dans la préparation.

Au moment de servir, décorer la bûche avec de la crème fraîche, des fleurs cristallisées, des amandes ou des noix, selon votre imagination.

Les Poireaux

Déja consommé par les Egyptiens, le poireau était, paraît-il, le légume préféré de Néron qui s'en servait pour s'éclaircir la voix ! Qu'en disent les cantatrices ?

Légume d'hiver, il est excellent associé aux pommes de terre et aux légumes des potées, des ragoûts et des soupes. Nous l'aimons chaud avec une sauce curry et froid en vinaigrette.

Poireaux en feuilletés

Pour 12 feuilletés, 400 g de blanc de poireaux, 1 rouleau de pâte feuilletée, 50 g de gruyère râpé, 25 cl de lait, 20 g de beurre, 20 g de farine, le jus d' ½ citron, sel et poivre.

Faire cuire les poireaux (20' dans de l'eau salée), bien les égoutter et les hacher finement.

Faire fondre le beurre, y jeter la farine, et tourner sur le feu pour obtenir une mousse. Ajouter le lait hors du feu. Remettre sur le feu et faire cuire en tournant 5'. Saler et poivrer. Verser dedans les poireaux avec le citron et le gruyère. L'ensemble doit être suffisamment consistant pour être enroulé de pâte. Etaler la pâte au rouleau pour y découper 12 rectangles égaux. Placer un peu de la préparation sur le petit côté et enrouler la pâte autour de la farce.

Mettre à four très chaud (250°) 10 à 15' et servir immédiatement.

Soupe Epinards-Poireaux page 45

Les Poivrons

Véronique et Michel
Quelle gourmandise
Exquise
Que ces Poivrons
A l'huile d'olive

Rouges, jaunes ou verts, leur couleur et leur brillance réjouissent la vue. Légumes d'été par excellence, ils peuvent être farcis et entrer dans des salades composées, des ratatouilles, des hors-d'oeuvre inventifs. Vous les retrouverez dans nos « Compositions savoureuses ».

Petits Poivrons crus en apéritif de La Sable

C'est délicieux et très original. Il faut trouver des tout petits poivrons, de quoi faire une bouchée. Enlever la queue et une petite calotte pour retirer délicatement les graines sans trouer le poivron. Le remplir d'une très bonne huile d'olive, saler légèrement et boucher avec un dé de pain (campagne, céréales, baguette...). Les présenter, bien rangés, verticalement.

Poivrons rouges à l'huile d'olive

Déposer les poivrons sur la grille du four (préchauffé à 260°) sur du papier aluminium et les faire griller. Les retourner de temps en temps jusqu'à ce que toutes les faces soient bien noircies. Les sortir du four et refermer sur eux le papier alu. La condensation décollera facilement la pellicule de peau. Une fois refroidis, ouvrir les poivrons et enlever les graines. Puis les couper en lanières que l'on déposera dans le plat de service. Déposer une première couche de filets, la couvrir d'huile d'olive, de sel, de poivre et d'ail. Recommencer plusieurs fois. Laisser mariner un bon moment, une journée serait indiquée. Se sert en entrée avec un bon pain. S'il vous en reste n'hésitez pas à en faire une purée pour toasts.

Variante : On peut ajouter à la marinade des fleurs de thym et du vinaigre balsamique.

Les Pommes de terre

Une Pomme de terre
Sous la cendre
Et Cyril rêve
D'une grosse carpe à prendre

Nous renonçons à faire l'inventaire des recettes de pommes de terre, tant ce monde est phénoménal. Nous vous proposons un choix unique particulièrement savoureux. Mais auparavant, voici une petite tradition d'autrefois qui raconte que pour avoir le pied léger, avant d'aller danser au bal, les femmes prenaient un bain de pieds à l'eau de cuisson des pommes de terre (10 à 15').

Pâté de Pommes de terre bourbonnais de Marie-Thérèse

Une pâte brisée, des pommes de terre (choisir la «Charlotte d'Auvergne» qui ne s'écrase pas) et de la crème fraîche épaisse (50 cl). Un moule de 30 cm de diamètre offre 6 à 8 parts confortables.

Adrien et Marie Thérèse
Et toute la famille aussi
Ces Pommes de terre
A la bourbonnaise
Sont un mets exquis
A partager entre amis

Partager la pâte en 2 parties. Etaler la première dans un moule à tarte beurré et légèrement fariné. Eplucher les pommes de terre, les essuyer et les couper en très fines tranches. Remplir le moule de ces tranches, uniformément (plusieurs couches sont nécessaires). Saler, poivrer et poser dessus des noisettes de beurre.

Etaler l'autre partie de la pâte et la poser sur le moule, comme une tourte. Ouvrir une «cheminée» au milieu. Dorer au jaune d'oeuf allongé d'un peu de lait. Faire cuire 35 à 45' à four chaud (Th. 6/7).

A la sortie du four, découper la calotte et verser la crème sur les pommes de terre chaudes. La cuisson est importante, le thermostat doit être précis, car les pommes de terre doivent être bien cuites et la croûte pas trop dorée. Se déguste chaud ou froid avec une salade verte.

Pour le réchauffer, le faire doucement au four traditionnel, surtout pas au micro-ondes !

Les Potirons, Patissons et Compagnie...

Au jardin de Jeanine
Potimarron et Patisson
Sont délicieusement bons

Le monde des courges est vaste, étonnant et étrange parfois. Ces cucurbitacées peuvent être énormes, d'une belle couleur orangée qui ensoleille les champs de l'automne, ou plus petites, blanches ou jaune pâle, rondes ou plates, à côtes ou lisses, bicolores. Leurs goûts diffèrent légèrement.

Le **Patisson** appelé aussi « Artichaut de Jérusalem » a goût d'artichaut.

Le **Patidoux**, le **Potimarron**, le **Baby bear** et la **Butternut** ont une petite saveur de noisette.

Les recettes sont innombrables, mais en général elles tournent autour des soupes et des veloutés. Vous pouvez servir votre soupe dans le potiron évidé qui deviendra une superbe soupière.

Surtout ne jetez pas les **graines**, elles remplaceront volontiers les éternelles cacahuètes des apéritifs. Choisir les plus grosses, les passer au four chaud (30' à 100°), en les remuant de temps en temps. Eviter qu'elles ne brûlent. Laisser refroidir et conserver au sec. Un petit coup de dent permet de retirer l'amande de son enveloppe. Si vous avez la patience de les décortiquer, elles peuvent remplacer les pignons et même l'amande douce dans des salades par exemple.

Les graines de courges, comme celles de pastèques ou des melons, séchées au soleil et enfilées, font de jolis colliers.

Veloutés de Courges

Le plus simple est d'utiliser notre recette rapide et légère de velouté de courgettes (p. 41). N'hésitez pas à bien assaisonner.

Variante : velouté-délice de Potiron au lait d'amande

Recette inspirée de la cuisine médiévale. Préparer le potiron en purée ferme. Le lait d'amande, toujours un peu sucré, et le potiron seront mélangés en mesures égales. Saler, poivrer, ajouter votre épice préférée. Goûter.

Desserts

La **Compote de Potimarron** et celle de **Patidoux** sont délicieuses, sucrées et parfumées d'un soupçon de cannelle et servies avec un peu de crème Chantilly.

Les **Cakes au Potiron** et au **Potimarron** font l'objet d'un chapitre dans nos « Desserts et Gourmandises aux Fruits »*. Ils ont fait l'unanimité.

Quant au **Patidoux** voici une gourmandise savoureuse.

Tranches dorées d'Emeline

Choisir un joli patidoux, le couper en tranches fines (maximum 1 cm d'épaisseur). En retirer la peau et les graines.

Dans une poêle, faire fondre un peu de beurre et y faire dorer les tranches des deux côtés. Saupoudrer de sucre pour caraméliser. Vérifier la cuisson, la lame de couteau doit s'enfoncer très facilement.

Pour un souper d'adultes n'hésitez pas à les flamber avec du rhum !

Petite Emeline
Ces tranches dorées
Douces et Sucrées
Ce sont cadeau
De tendresse

Les Radis

Les **petits Radis roses** se sculptent joliment pour apéritifs et entrées et font de belles décorations. Leurs fanes, avec des pommes de terre, donnent une très bonne soupe.

Le **Radis noir** n'est pas un légume facile à acheter. Pour le choisir, n'hésitez pas à demander conseil au marchand. Il doit être ferme. Nous l'aimons nature en fines tranches accompagnées de pain de campagne et de beurre frais salé, ou râpé, mariné à l'huile d'olive et au gros sel.

La Salicorne

Chers Claude
Et Marie-José
La Salicorne
De nos baguenaudes
Vous est dédiée
En toute amitié

Le monde des algues est considérable. On en utilise beaucoup plus que l'on ne croit, entre autres comme condiments et gélifiants. L'Agar-agar par exemple est très intéressant pour les gelées.

Nous avons choisi de vous faire goûter de la salicorne en « légume vert ». On la trouve en hiver chez les poissonniers. Attention ! Il faut la choisir fine, car, grosse, elle possède intérieurement une sorte d'arête. Celle-ci s'enlève d'ailleurs très facilement après la cuisson, par simple glissement.

La salicorne se fait simplement bouillir très rapidement (sans sel). Elle peut se manger chaude, nature, avec une noix de beurre ou une persillade.

Elle accompagne agréablement un poisson.

On peut aussi la déguster froide, en salade.

Elle est excellente au vinaigre à la façon des pickles.

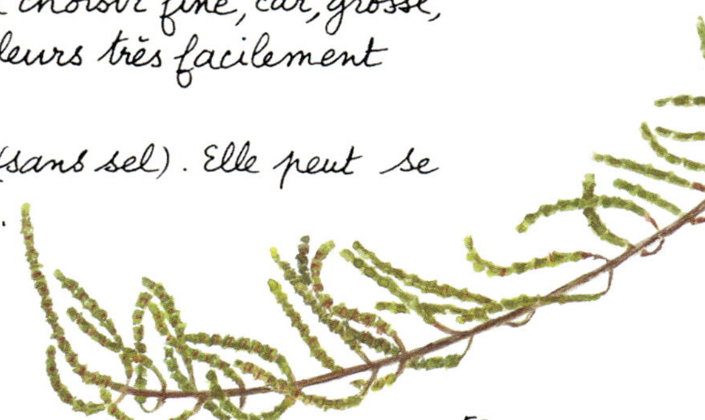

Les Salsifis et Scorsonères

Ce sont des racines qui diffèrent par leur couleur. Le salsifis appelé « Barbe de bouc » chez les Grecs, est plutôt brun et la scorsonère noire. Ils ne sont pas très faciles à trouver frais, sans doute leur « look » n'est-il pas très attirant. Et pourtant le salsifis a une saveur raffinée. Il fait une bonne soupe, un bon gratin, des petites salades aux anchois et olives et d'excellents beignets, roulés dans du persil haché. Frais, ils ont besoin d'être blanchis (avec citron et farine). Revenus dans du beurre avec des échalotes émincés et cuits dans un bouillon de légumes, on peut les servir avec une persillade à la crème ou en y jetant une poignée de petits lardons fumés croustillants.

Les Tomates

Belles Tomates goûteuses
Fruits-légumes de fantaisie
Nous souhaitons
Qu'elles poussent
Joyeusement
Au jardin
De Chantal et Charly

Le jeu gourmand des tomates est un plaisir d'été. N'hésitez pas à chercher nos recettes de cocktails à la tomate dans nos « Plaisirs sans alcool »*

Petites Tomates en amuse-gueule

Vous pouvez décliner ces petites merveilles de mille façons. Voici nos préférées :

Petites tomates farcies Choisir des petites tomates, les laver, les essuyer, en retirer les cloisons et les graines et les faire dégorger en salant l'intérieur. Ensuite vous les farcirez avec votre imagination gourmande : fromage de chèvre écrasé avec basilic et huile d'olive - purée de tomate et de mie de pain - bleu ou roquefort pétri de beurre - petites feuilles de pourpier ou roquette ciselées et fromage blanc - tapenade - brandade - poutargue ....

Crumble Tomate-Basilic

Pour 5 à 6 personnes : 6 à 8 tomates (vous pouvez utiliser une grosse boîte de tomates pelées), 1 bouquet de basilic, 125 g de parmesan, 125 g de beurre demi-sel, 200 g de farine, 50 g de chapelure, 4 cuillers à soupe d'huile d'olive, sel et poivre.

Peler les tomates (en les passant à l'eau bouillante) et les faire revenir avec 2 cuillers à soupe d'huile. Mixer le basilic avec le reste de l'huile. Faire la pâte du crumble avec la farine, le parmesan, la chapelure et le beurre (se trouve toute prête dans le commerce). Placer les tomates dans un plat à gratin, les recouvrir de basilic puis de la pâte à crumble. Faire cuire au four (20 à 30'). Servir chaud.

Tomates farcies

Les tomates, fraîches ou cuites font d'excellents farcis. Il est important de les faire dégorger en découpant une calotte, en retirant les pépins et en retournant la tomate sur un linge. La calotte servira de décoration. Choisir de belles tomates bien fermes et goûteuses.

Voici quelques idées : tomates fraîches farcies d'un riz assaisonné d'herbes, d'oeuf dur, de crevettes ou d'une simple mayonnaise, ou encore d'une salade de petits légumes.

Tomates farcies à la pulpe de tomate malaxée avec de la mie de pain, assaisonnée de fines herbes, de basilic, d'ail, et cuites au four. Tomates farcies à la viande, au poisson ou aux légumes. C'est le moment de « recycler » des restes.

Lorsque vous préparez des tomates farcies, ne les servez pas seules. Accompagnez-les de pommes de terre, d'aubergines ou de courgettes farcies (voir « Petits Farcis » p. 64) C'est joli de couleurs et vos convives pourront choisir, tout le monde n'aime pas forcément la tomate cuite, parfois un peu acide.

Les Topinambours

Il faut réhabiliter le topinambour.

En Italie, il se nomme «girasol», car il est cousin du tournesol et sa fleur d'un jaune éclatant est l'Hélianthe.

Le topinambour est un légume délicat avec un petit goût d'artichaut subtil. Il se cuit sans souci à l'eau bouillante. Exquis en gratin et en gratin dauphinois avec des pommes de terre, en purée, nous l'aimons en salade tiède, assaisonnée de citron, d'huile d'olive, de fines herbes, d'ail, de sel et de poivre.

Il accompagne volontiers du jambon.

Le seul problème c'est l'épluchage! Il faut le faire cuire dans sa peau et le peler.

Parents très chers
N'ayez pas peur
Des souvenirs
Goûtez, goûtez
Les Topinambours
Pour leur douceur

Compositions savoureuses

Pour faciliter la lecture de ces recettes, nous vous les offrons par ordre alphabétique

Anchoïde pour buffet champêtre

A Geneviève et Serge
Et la grande tribu
Les légumes joyeux
A partager
Affectueusement

Si l'on aime les légumes crus, l'anchoïade est une fête, idéale pour un pique-nique.

Voici un choix de légumes à présenter joliment sur un grand plateau de paille ou d'émail : feuilles d'endives et de carmine (pour la couleur), petits bouquets de chou-fleur, bâtonnets de carottes, tronçons de céleri en en branche, champignons frais, tomates, concombres, petits épis de maïs, feuilles de salade frisée, fonds d'artichauts... Compléter avec des pommes de terre et des oeufs durs.

La sauce majeure est une **crème aux anchois**. La recette la plus simple (1 verre d'anchois au sel, 1/4 d'huile d'olive, un petit peu de poivre) consiste à dessaler les anchois sous l'eau et à les faire fondre à feu très doux. La pâte obtenue, une fois refroidie, est montée avec l'huile d'olive.

Une **variante** propose d'ajouter un peu de crème fraîche.

Rien ne vous empêche de préparer d'autres sauces, mayonnaise, tapenade, chutneys, fromage blanc, crème moutarde ... Un petit vin blanc sec ou un rosé bien frais seront les bienvenus.

Et si vous avez le temps, prenez-le, car c'est très joli, préparez des **Brochettes de légumes**.

Beignets de Légumes

Ils peuvent se faire avec tous les légumes que vous aimez. En servir un choix est très sympathique.

Voici une recette type : les **beignets d'aubergines**. Celles-ci seront coupées en rondelles fines (1/2 cm). Proportions pour la pâte : 250g de farine, 2 oeufs, 2 cuillers à soupe d'huile et 30 cl de bière. Mélanger farine, jaunes d'oeufs, puis l'huile et enfin la bière et laisser reposer au moins 1 heure. Au moment d'utiliser la pâte, y mêler doucement les blancs battus en neige.

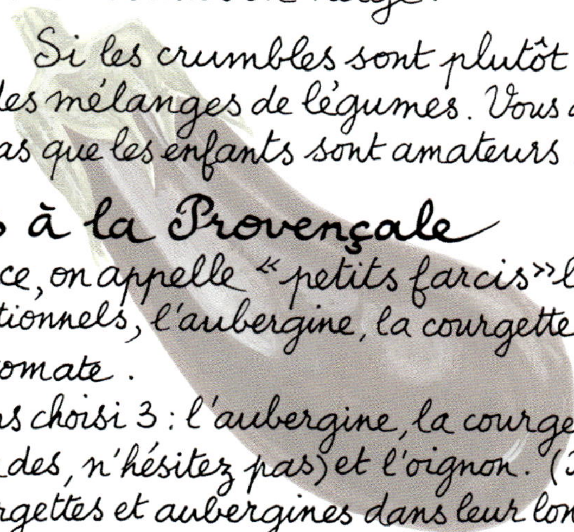

Crumbles

Si les crumbles sont plutôt connus en desserts, ils sont aussi excellents avec des mélanges de légumes. Vous avez une recette facile avec les tomates (p.64).

N'oubliez pas que les enfants sont amateurs de crumbles divers et variés.

Petits Farcis à la Provençale

En Provence, on appelle « petits farcis » l'ensemble de 5 légumes traditionnels, l'aubergine, la courgette, l'oignon, le poivron et la tomate.

Lorsque vient l'été
Les Farcis de Michèle
Embaument la cuisine
De La Sable
Et chante le vin
De Bernard

Nous en avons choisi 3 : l'aubergine, la courgette (si vous en trouvez des rondes, n'hésitez pas) et l'oignon. (Pour la tomate voir p. 64).

Couper courgettes et aubergines dans leur longueur et les creuser. Garder les pulpes, elles entreront dans la farce. Faire dégorger les aubergines au sel (environ 1h.). Blanchir les oignons, les laisser refroidir et les évider.

La farce peut être maigre, c'est la plus classique en Provence, ou à la viande. Toutes les deux se font avec les trésors que sont les restes.

Pour une **farce maigre**, utiliser la chair des légumes. Y ajouter de l'ail, des fines herbes, du fromage de chèvre, de la mie de pain trempée dans du lait et essorée, et vos épices préférées. Si vous avez des champignons, ils seront les bienvenus. Vérifier l'assaisonnement avec sel et poivre.

Pour une **farce à la viande**, hacher du jambon cru avec de la chair à saucisses ou encore des restes de rôti de porc ou de poulet. Y ajouter oignon et/ou échalote, ail, fines herbes et épices. Mélanger le tout et faire revenir quelques minutes dans un peu d'huile d'olive. Rajouter de la mie de pain trempée dans du lait et bien pressée, et 1 ou 2 jaunes d'oeufs. Goûter et rectifier l'assaisonnement.

Remplir les légumes de farce, modérément et les ranger, bien serrés dans un tian, sur fond d'eau ou de bouillon. Saupoudrer de chapelure. Préchauffer le four (180°). Couvrir le tian d'une feuille d'aluminium et faire cuire 35 à 40'. Retirer la feuille alu pour faire gratiner.

Flan de Légumes Pour 500g de légumes crus, courgettes ou tomates par exemple, 150 ml de lait, 25g de maïzena, 4 oeufs, 150 ml de crème, 50g de gruyère râpé, 1 bonne poignée d'herbes hachées, sel et poivre. Couper les légumes en dés, sans les peler. Mélanger le lait, la maïzena et les oeufs avec les légumes. Ajouter la crème, le gruyère, les herbes, sel, poivre. Verser le tout dans un tian (26 cm de diamètre, 5 à 6 pers.) Faire cuire à four chaud (th.7) 30'. Se déguste chaud ou tiède.

Gaspacho

La tradition andalouse veut que, pour le gaspacho, tous les légumes crus soient coupés en fins morceaux. Nous préferons le préparer, pour des raisons pratiques, en crème.

Pour 6 à 8 personnes : 6 à 8 tomates selon leur taille, 3 cuillers à soupe de concentré de tomate, 1 concombre vidé de ses graines, 25 cl de bonne huile d'olive, 1 ou 2 cuillers à soupe de vinaigre ou de jus de citron, sel et poivre, 1 gousse d'ail si l'on aime et 1 verre d'eau.

Eplucher et laver tous les légumes. Les verser avec tous les ingrédients dans le mixer pour obtenir une crème onctueuse. Goûter et compléter l'assaisonnement. Il faut que le gaspacho soit bien relevé. Le servir très frais dans une belle coupe, décoré de quelques rondelles de cébettes.

Proposer avec : huile d'olive, vinaigre et hachis de petits oignons.

Variante : Vous pouvez rajouter, au choix, une branche de céleri, un peu de paprika, 1 pincée de gingembre et un peu de mie de pain.

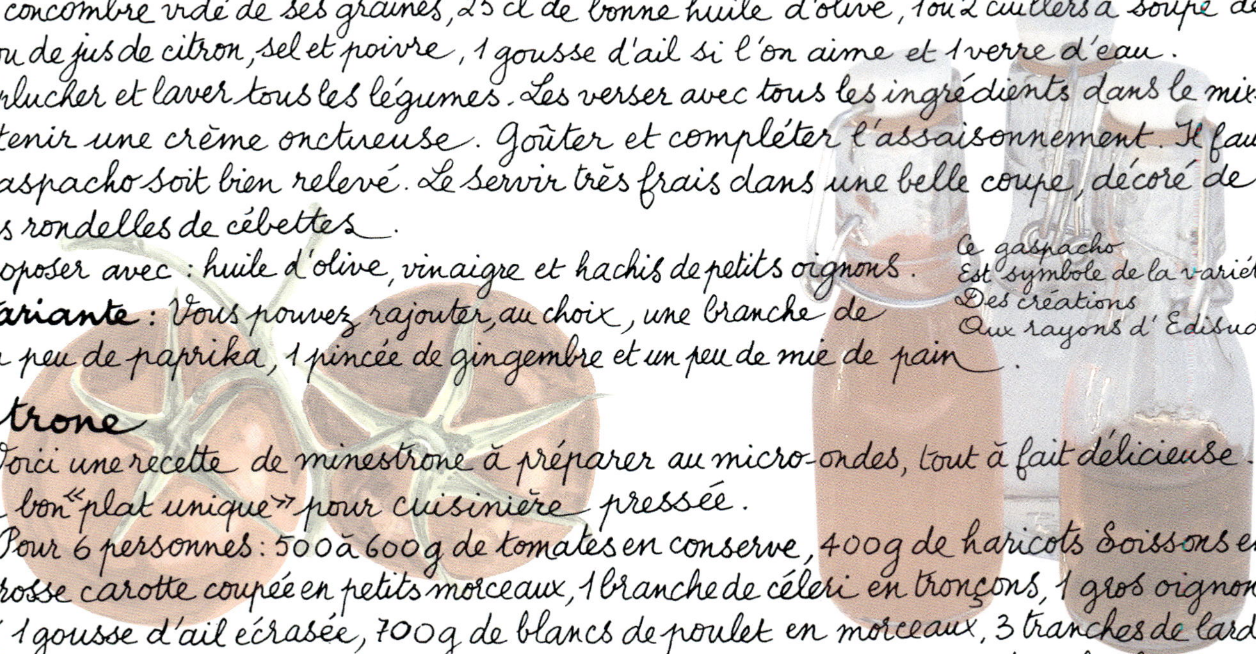

Ce gaspacho
Est symbole de la variété
Des créations
Aux rayons d'Edisud

Minestrone

Voici une recette de minestrone à préparer au micro-ondes, tout à fait délicieuse. C'est un bon « plat unique » pour cuisinière pressée.

Pour 6 personnes : 500 à 600 g de tomates en conserve, 400 g de haricots Soissons en bocal, 1 grosse carotte coupée en petits morceaux, 1 branche de céleri en tronçons, 1 gros oignon émincé, 1 gousse d'ail écrasée, 700 g de blancs de poulet en morceaux, 3 tranches de lard en dés, 1 l. de bouillon de poulet, 60 g de macaronis et, ce qui va donner tout le charme, 3 cuillers à soupe d'origan frais et 2 cuillers à soupe de persil, tous les deux ciselés.

Dans un plat allant au micro-ondes, mélanger le poulet, le lard, l'oignon et l'ail, le céleri et la carotte. Faire cuire à couvert à four moyen 15 à 20', en remuant 1 fois. Sortir le plat et ajouter les tomates avec leur jus, les haricots, le bouillon et les macaronis. Reprendre la cuisson 10 à 15' sans couvrir. Attention les macaronis doivent rester fermes. Servir très chaud en saupoudrant de fines herbes, dans des assiettes creuses chaudes.

Il est évident qu'avec tous les éléments, vous pouvez faire mijoter une minestrone plus traditionnelle.

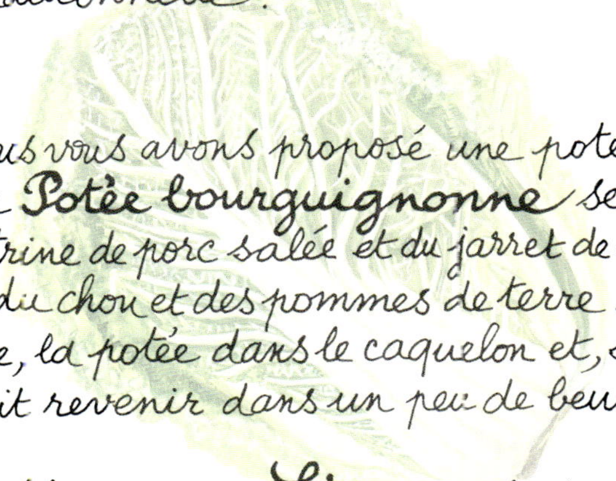

Potée

Nous vous avons proposé une potée lorraine au chou (p.34).

La **Potée bourguignonne** se prépare à peu près de la même façon mais avec de la poitrine de porc salée et du jarret de porc, des carottes, des navets ou des panais, des poireaux, du chou et des pommes de terre. Elle se sert dans 3 plats, le bouillon dans la soupière, la potée dans le caquelon et, sur une assiette des tranches de pain que l'on aura fait revenir dans un peu de beurre.

Raclette aux Légumes

Il s'agit tout simplement de préparer une « ratatouille purée » (recette qui suit), que l'on servira chaude, dans les coupelles de l'appareil à raclette, recouverte d'1 ou 2 carrés de fromage raclette (pour 6 personnes 1 kg). Le fromage doit être croustillant. Se déguste avec de la charcuterie.

Ratatouille

Courgettes Aubergines
Ail et Poivrons
Tomates divines
Et oignons
Voici des rimes
Pour Simone et Bernard
Et leur famille charmante

C'est un plat d'origine niçoise et chaque famille a sa recette. Nous avons choisi :

La Ratatouille de Simone

Pour 6 personnes : 2 belles aubergines, 4 courgettes moyennes, 2 poivrons rouges, 2 oignons, 2 ou 3 gousses d'ail, 4 grosses tomates, laurier, thym, sel, poivre, huile d'olive, 1 petit piment (facultatif). L'important est de faire cuire séparément tous les légumes. L'idéal est la poêle à feu vif.

Laver, éplucher et couper en gros dés (ou en rondelles pour les légumes plus petits) les courgettes et les aubergines. Laver, vider et couper en lamelles les poivrons. Eplucher et émincer les oignons. Peler (facultatif) et couper les tomates en gros dés.

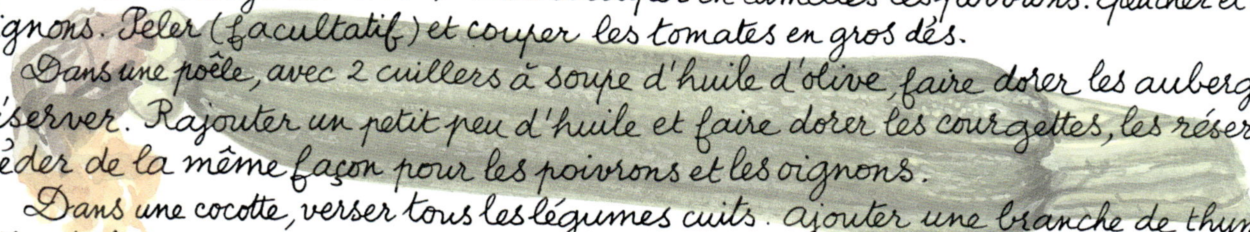

Dans une poêle, avec 2 cuillers à soupe d'huile d'olive, faire dorer les aubergines et les réserver. Rajouter un petit peu d'huile et faire dorer les courgettes, les réserver. Procéder de la même façon pour les poivrons et les oignons.

Dans une cocotte, verser tous les légumes cuits. Ajouter une branche de thym, 2 feuilles de laurier, 3 gousses d'ail écrasées, du sel et du poivre. Si vous aimez piquant compléter d'un petit piment. Rajouter un peu d'huile d'olive. Laisser mijoter et servir chaud.

Variante : faire cuire les légumes 2 par 2. Les verser dans un plat allant au four avec 3 petites branches de basilic. A Nice peut se servir avec des frites.

Variante de Lourmarin : ajouter en fin de cuisson des asperges.

Salade composée

Tout est dans la poésie des saveurs, des couleurs et de l'imagination. C'est le plat magique des impromptus de l'été que chacun préparera à son goût, dans une coupe ou une grande assiette creuse.

Nous détaillons et servons séparément, dans des grands bols, les légumes et autres ingrédients : pommes de terre, endive ou/et carmine, tomates, coeurs de palmier, avocat, chou chinois, pomme, jambon, crevettes, oeufs durs ... ainsi que du mesclun ou une salade verte. Profitez de vos réserves.

A côté, nous présentons des condiments, oignons ou échalotes hachés, cornichons et pickles, fines herbes, hachis de persil et d'ail, noix, roquefort, sel, poivre et, le plus important, un choix d'huiles et de vinaigres. Ne pas oublier du gomasio ou des cacahuètes pilées.

Salade Thaï

C'est une salade fraîcheur dont voici les saveurs.

Pour 4 à 6 personnes : 1/4 de chou chinois coupé en fines lamelles, 2 belles tomates coupées en petits quartiers, 200 g de germes de soja, 1 oignon mariné ou 2 cébettes émincées, 4 oeufs durs, 200 g de blanc de poulet coupés en petits dés et sautés à l'huile et au soja, 4 petites poignées de cacahuètes hachées.

Pour la sauce : 4 belles cuillers à soupe de mayonnaise, 2 cuillers à soupe de sauce soja, 2 cuillers à soupe d'eau, poivre.

Bon appétit !

Soupe au Pistou

Une petite précision : le « pistou » est le nom de la purée de basilic et non pas de la soupe elle-même. Quant à cette soupe, toute Provençale bien née défend sa recette préférée.

Voici notre recette avec 2 litres d'eau : 1 oignon, 1 grosse pomme de terre, 2 courgettes (avec leur peau), 200 g de haricots verts, 200 g de haricots en grains rouges et 200 g de haricots en grains blancs, un morceau de petit salé, 250 g de gros macaronis.

Faire bouillir l'eau avec le petit salé. Commencer la cuisson par celle des haricots en grains (environ 20'), puis ensuite les autres légumes coupés en morceaux.

Pendant ce temps, préparer le pistou dans le mortier, avec 2 cuillers à soupe d'huile d'olive, 5 à 6 gousses d'ail, 1 beau bouquet de basilic (à petites feuilles), 3 tomates épluchées et écrasées (que l'on peut remplacer par du concentré de tomate) sel et poivre. Si cette pâte n'est pas assez liée, le faire avec un petit peu de bouillon.

Lorsque les légumes sont cuits, retirer le petit salé, les écraser un peu et mettre les macaronis.

Les macaronis prêts, arrêter la cuisson et verser le pistou.

L'on peut aussi servir les légumes dans la soupière et le pistou dans le mortier.

La soupe au pistou peut se réchauffer sans souci.

Tarte verte tendre à la limousine

Pour 6 personnes : préparer, ou acheter toute prête, de la pâte brisée.

Pour la garniture : le blanc de 4 poireaux, 150 g de champignons de Paris, 125 g d'oseille, 1 petit bouquet de ciboulette, 3 oeufs, 100 g de crème, 1,5 dl de lait, 60 g de beurre, et 1 cuiller à soupe de fécule de pomme de terre (ou de maïzena), sel, poivre et muscade.

Garnir un moule beurré et fariné avec la pâte brisée, piquée en quelques endroits, et la faire cuire une dizaine de minutes à four très chaud. Un truc pour éviter que la pâte ne « cloque » : placer dessus un papier sulfurisé avec des haricots secs.

Préparer la garniture. Dans une terrine, mélanger la fécule, la crème, les oeufs, bien battre avec le lait. Saler, poivrer et compléter d'un soupçon de muscade. Y ajouter les légumes. Verser la préparation dans le fond de tarte et faire cuire environ 1/2 h. Servir très chaud.

Tchatchouka de Marguerite-Claire

Pour 5 à 6 personnes : 6 tomates, 2 poivrons, 2 aubergines, 1 pomme de terre, 1 oignon, 3 oeufs, sel et poivre.

Nous voudrions
Que la tchatchouka
De Marguerite-Claire
Chante toujours
Pour Adrien et Sylvain
Ces arrières-petits enfants

C'est en fait une sorte de ratatouille tunisienne.

Mettre un peu d'huile dans une cocotte, y verser les poivrons et l'oignon émincés. Y ajouter la pomme de terre épluchée et les aubergines en lamelles. Lorsque tous les légumes sont cuits, rajouter les tomates. Remuer et laisser mijoter. Avant la fin de la cuisson (1/4 d'h.), saler, poivrer et compléter d'une pointe de piment de Cayenne. Au dernier moment lier la tchatchouka avec les oeufs battus. Bien remuer et servir.

Une **variante** propose d'ajouter des petits morceaux de viande d'agneau.

Terrine aux 3 couleurs du Couvent

C'est au Couvent
Du village de notre enfance
Que la terrine d'Anne-Marie
Fait la joie
Des dîners de vacances

Cette terrine de légumes a un gros avantage, elle est extrêmement simple à préparer, se cuit très rapidement au micro-ondes et peut se composer de restes de purée de légumes.

Choisir une terrine allant au micro-ondes, genre moule à cake, d'une taille adaptée au nombre de convives.

Faire une purée de pommes de terre et y incorporer 1 bonne cuiller à soupe de crème fraîche épaisse et 2 oeufs entiers. Bien battre, elle doit être ferme, et la verser dans la terrine.

De même préparer une purée de carottes, y incorporer crème et 2 oeufs et la verser délicatement sur la purée de pommes de terre.

Choisir, pour la dernière couche une purée verte, épinards ou brocolis par exemple, y incorporer crème et 2 oeufs et verser sur les carottes.

Toutes les couleurs sont permises !

Mettre au micro-ondes 10'. Vérifier la cuisson avec un couteau qui doit ressortir net.

Petit truc pour démouler Utiliser une carte à jouer et la faire glisser sur les côtés de la terrine. Sa souplesse rendra votre terrine particulièrement soignée.

Servir cette terrine froide avec une jolie décoration de fines herbes, estragon, persil... et une petite sauce de votre fantaisie.

Au bonheur des Enfants

Les légumes ont rarement la cote chez les enfants. Et pourtant ils sont extrêmement importants pour leur santé et leur croissance.

Voici quelques idées qui ont fait leur preuve.

A tous les enfants
Qui naissent dans les choux
Ou dans les roses
Avec tout notre coeur
Ces « Petits Bonheurs »

Aubergines en papetons

Pour 4 personnes : 2 belles aubergines, 3 oeufs entiers, 150 g de crème fraîche épaisse, sel et poivre. Préchauffer le four (th. 7).
Laver et essuyer les aubergines, les poser sur la grille du four à mi-hauteur et laisser cuire 40'. Les retirer et baisser le thermostat à 6. Couper les aubergines en 2, retirer les graines, prélever la pulpe et la mixer.

Battre les oeufs en omelette avec la crème, le sel et le poivre. Y incorporer la purée d'aubergines. Répartir la préparation dans des ramequins et cuire au bain-marie, au four, 20'. Si l'on verse la préparation dans un grand moule compter 35 à 40'.

Laisser reposer dans le four éteint 5', avant de démouler. Se sert avec une concassée de tomates chaude ou froide.

Petite idée pour la Betterave

Pour faire goûter la betterave aux enfants réticents, donnez-leur le jus de cuisson. Sa couleur est jolie pour faire... de l'aquarelle !

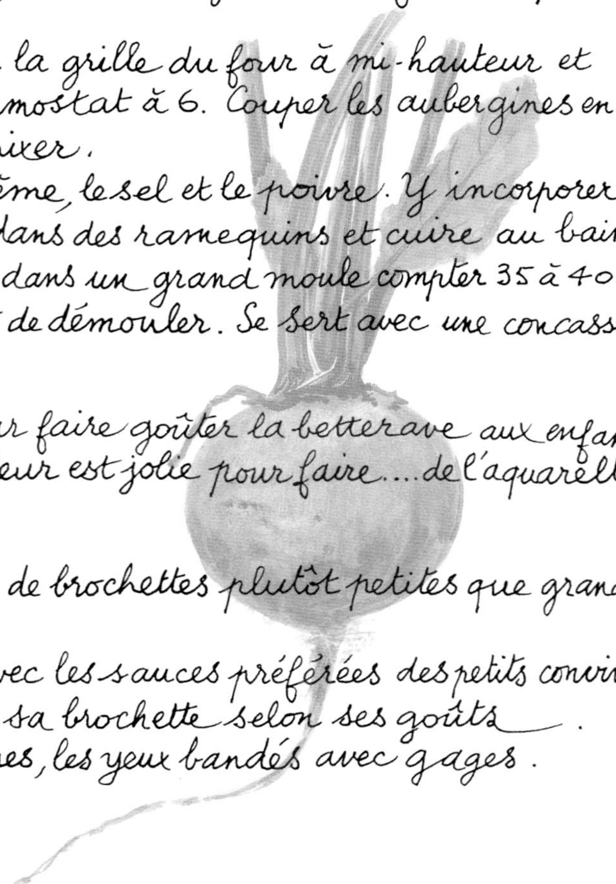

Brochettes de légumes

Il est préférable de faire tout un choix de brochettes plutôt petites que grandes et surtout tentantes par leur diversité.

Proposer des légumes crus ou cuits, avec les sauces préférées des petits convives. Offrir des piques. Chaque enfant préparera sa brochette selon ses goûts.

Inventez un jeu de découverte de légumes, les yeux bandés avec gages.

Chips en fête

Les enfants raffolent des frites et des chips. C'est le moment de leur faire manger, outre de la pomme de terre, de la betterave, de la patate douce, de la banane plantain, des champignons... Une petite sauce sera la bienvenue.

Roméo
Nous avons pensé
Que tu peux partager
Ces chips divines
Avec Agate câline

Vous pouvez aussi faire sécher au four des "chips" de tomates, de copeaux de carottes, de lamelles de champignons... Faire dégorger les légumes sur du papier absorbant avant de les mettre au four (à chaleur tournante si possible) préchauffé à 60° (th. 2), sur du papier sulfurisé. Laisser le four entrouvert pour l'évacuation de l'humidité. Les faire bien sécher en les retournant à mi-cuisson. Les présenter dans une coupe de verre. C'est un poème.

Coupes croustillantes aux petits légumes

Pour une vingtaine de petites coupes, il faut 4 feuilles de bricks que l'on découpe en carrés (à peu près 9 carrés par feuille). Placer ces carrés 2 par 2 dans des moules à tartelettes et les faire dorer 7' à four chaud (180°). Préparer une macédoine très fine, légèrement assaisonnée. Remplir les coupes croustillantes juste avant de servir (elles ne doivent pas se ramollir).

L'on peut décorer de fines herbes ou de gomasio (sésame grillé au sel).

Epinards en oeuvre d'art

Une assiette d'épinards est peu tentante. Présentez-la comme une tête rigolote. Au centre d'une assiette placez un peu de purée de pommes de terre, au-dessus une demi-couronne d'épinards (cheveux). Pour les yeux des moitiés d'oeuf dur, pour les joues un peu de purée de carottes, pour le nez une rondelle de tomate et pour les dents des grains de maïs. Succès assuré.

Hamburger d'Aubergine

Pour 1 hamburger, 2 belles tranches d'aubergine cuite, un petit peu de steak haché cuit, 1 rondelle de tomate et 1 tranche de fromage fondant.

Préparer le hamburger comme suit : une rondelle d'aubergine, du steak haché, la tomate, le fromage, et terminer par la seconde tranche d'aubergine. Réchauffer au four.

Hot dog de Courgettes soja

Pour 6 personnes : 6 courgettes moyennes, 6 saucisses de soja, moutarde à l'ancienne et gruyère râpé. Enlever le bout supérieur des courgettes et les couper en 2 dans la longueur. Les faire cuire à la vapeur ou au micro-ondes. Une fois refroidies les évider et en badigeonner l'intérieur de moutarde. Faire pocher les saucisses délicatement. Placer les saucisses en reformant la courgette. Peuvent se déguster froides sur une salade ou passées au four, gratinées avec du gruyère râpé.

Mini-sandwichs

Découper, dans du pain de mie, des formes sympathiques, géométriques ou, si vous avez beaucoup de temps, des animaux. Les enfants ont d'ailleurs souvent des pochoirs ou des moules. L'on peut ainsi superposer une tranche de pain, de la tomate, une tranche de pain de la tapenade, une tranche de pain et une olive en décoration.

Ces petits sandwichs peuvent être déclinés à l'infini.

Les enfants peuvent même se les préparer à leur goût.

Petites Pizzas fantaisie

Vous pouvez utiliser des « muffins anglais ». Les couper en 2 et garnir chaque tranche d'une rondelle de tomate. Ajouter des grains de maïs ou des petits morceaux d'olives vertes, ou des fines herbes ou autres fantaisies de votre choix. Saupoudrer de fromage râpé et passer au four sous le gril.

Les muffins peuvent être remplacés par des fonds de tarte tout prêts et même des tartines de pain de campagne.

Purée bébé

Pour faire apprécier une purée aux petits, il existe une astuce : y mélanger sous leur regard un petit suisse.

Pour toi Océane
Cette tomate-voilier
Si jolie
Pour naviguer
De bon appétit

Tomate-voilier

C'est très joli.

Une demi-tomate. Couper dessous une légère calotte pour éviter qu'elle ne bascule.

La farcir de petits légumes, très finement coupés, en salade.

Planter une pique qui sera le mât.

Faire une voile en tranche de jambon.

Menus Couleurs

Rien n'est plus amusant que des menus de couleur que l'on peut préparer avec les enfants. A qui trouvera les meilleures idées. En voici quelques unes.

Menu blanc

Velouté de chou chinois ou céleri-rave râpé à l'huile de noix
Gratin de cardons en béchamel - Salade d'endives aux noix ou amandes - Salade de chou chinois
Fromage blanc à la crème Chantilly

En boisson, du lait pour ceux qui aiment (lait, lait de soja ou lait d'amande...) - sirop d'Orgeat

Menu tendance rouge

Petites tomates fraîches farcies à la purée de tomates et mie de pain
Steak - Salade de Carmine - Coupe de fruits rouges
En boisson du «bissap»

Menu spécial orangé

Carottes râpées ou velouté de carottes (il existe aussi un chou-fleur orange)
Saucisses de Strasbourg
Confiture de carottes avec tranches dorées de patidoux

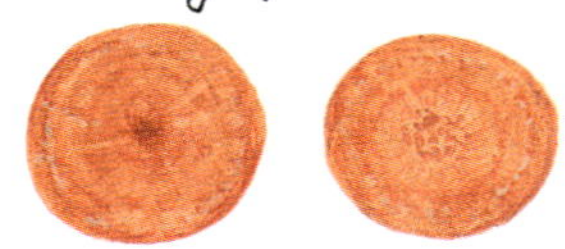

Menu vert

Mousse d'avocat - Purée d'épinards oeufs durs - Artichauts vinaigrette
Salade de fruits aux raisins blancs et kiwis
En boisson sirop de menthe ou orgeat-menthe

3. Index des Recettes

Pour vous aider à faire des choix nous avons pensé qu'un petit index serait intéressant. Il complète la liste des légumes et des compositions proposée au sommaire.

Petite Bibliographie « Maison »

Collection des « Petits Bonheurs Maison » (p. 2)
Collection des « Voyages gourmands », Edisud
Delarozière R., B. et M.F., Cuisines des Antilles, Edisud, 2001
Etienne Christian, La Magie des petits légumes, Edisud, 2003
Maureau Andrée, Recettes en Provence, Edisud, 1996
Trierweiler R. et Delarozière M.F., Plantes, Huiles et Parfums de Beauté, Edisud, 2005
Villers A. et Delarozière M.F., Cuisines d'Afrique, Edisud, 1995

www.edisud.com - e-mail : info@edisud.com

ISBN 978-2-7449-0638-1

Achevé d'imprimer en juin 2008
Dépôt légal à parution.
Imprimé en UE.